日本の「世界化」と世界の「中国化」

日本人の中国観二千年を鳥瞰する

小倉和夫

藤原書店

日本の「世界化」と世界の「中国化」　目次

第II部　近代日本における政治家、外交官、実業家たちの中国観

第Ⅲ部　近代日本の画家、文人の描いた中国と中国人像

日本の「世界化」と世界の「中国化」

——日本人の中国観二千年を鳥瞰する——

装丁　作間順子

今なぜ、「日本にとって中国とは何だったか」を自問すべきなのか
――「はじめに」にかえて――

明治維新以降、とりわけ日清戦争以来、日本から見ると、中国は長い間、近代化に遅れ、混乱と混迷に満ちた国であった。第二次大戦後も（とりわけ日本の経済成長が軌道にのって以来）、中国は、貧しい開発途上国とみなされてきた。同時に、その間、戦前戦後を通じ、中国の文化的伝統への親近感が存在した。

しかし、二十一世紀の現在、中国は、経済・政治両面で、世界の大国としての地位をかため、技術や芸術においても世界的評価を受ける国になった。同時に、日本側において、中国の伝統文化を基礎とする親近感は衰え、その一方、マンガ、アニメ、現代小説など、いわゆる若者文化を通じて共感をもつ人々が増えている。

これらの現象は、やや単純化して言えば、中国の大国化と日中間の伝統的つながりの衰退と呼ぶこ

とが出来よう。

こうした状況のもとで、われわれは、従来の中国観に代えて、新しい中国観を確立しなければならない時期に直面している。

新しい中国観を作り上げる為には、日本の過去の中国観をこの際徹底的に、かつ客観的に、見直さねばならない。その場合、近代における日本の「中国侵略」に焦点をあてたアプローチは、第二次大戦以降の日本の中国観を考える場合にのみ意味のあるものであり、また、中国の近代化に及ぼした日本の影響という観点からこの問題にアプローチするやり方は、明治維新以降にのみあてはまるアプローチである。

そのようなアプローチは、中国が日本にとって相対的に軍事上あるいは経済上、あるいはその双方において日本より劣勢にあった時代に焦点をあてることとなる。

けれども、今や中国は大国であり、それを日本としてしっかりと認知し、大国中国に対する見方を確立し、戦略を樹立しようとするならば、歴史上、中国が、日本よりはるかに巨大で影響力のあった時代の日本の中国観をあらためて考察し、そこから明日のビジョンを構築する素材をくみとらねばなるまい。

また、これまでとかく中国観の考察は、近代とそれ以前に分断され、しかも、明治維新以前の日本の中国観は、日本史あるいは東洋史の中にいわば「押し込められ」てきた。しかし、中国の大国化に直面し、日本の新しいアイデンティティが問われている今日、二〇〇〇年近くに及ぶ日中関係において、日本はどう中国を見、それにどう向き合ってきたかを遠く歴史をさかのぼり、一貫性をもって考察してみなければならない。

とりわけ、日本と世界の将来を考えるとき、大国たる中国が、どのような国際秩序、国際的理念の形成を図ろうとするのか、そして、日本は、それにどのように対応するのか、が大きな問題であり、そこにおいては、日本の中国観は、いわば日本の世界観とかさなってくる。

歴史的に見れば、近代に至るまでの間、日本にとって中国こそが世界、あるいは現代風にいえば国際社会であった。国際的規範や理念は、中国的規範であり、理念だった。そういう時代が、再び来るかもしれないとすれば、そこでの日本の国際化は、日本の西洋化ではなく、再びまた「中国化」となるかもしれない。

この本の題名の「世界化」という言葉は、いわゆるグローバリゼーションという意味ではなく、むしろ、国際化という言葉に近い。しかし、国際化という言葉が、あまりにも西洋化なり欧米化と同一視されている今日の状況に鑑み、あえて、世界化という表現を用いた次第である。

そうした問題意識もあり、本書では、個々の人物の中国観の考察の最後に現代から見てくみとるべき教訓、あるいは考えるべきポイントを、敢えて個人的見方として付け加えたものである。

第Ⅰ部　古代から江戸時代までの中国観

1　卑弥呼と中国

邪馬台国の女王卑弥呼は、中国（魏）に使節を送り、また中国は、朝鮮半島の支配地域（帯方郡）を通じて日本（倭）と通交した。これには、当時（三世紀半ば）の国際情勢、なかんずく朝鮮半島情勢が大きく影響していたと考えられるが、同時に、卑弥呼の直面していた国内政治情勢も深くからんでいたとみられる。

■政治的権威確立のために

卑弥呼にとっては、氏族連合から統一国家へ歩みつつあった倭国の政治基盤を確立することが急務であった。そのための重要な方策の一つは、倭国の対外「アイデンティティ」の確立、すなわち、外国との通交を通じて主体性を確立することだった。

当時、朝鮮半島は、漢朝が楽浪郡など「郡」制度を設置、運営し始めて以来、数世紀にわたり、北方は中国の支配地域となり、また、南方は、小規模の部族連合が散在していた（倭国もなんらかの形の支配地域あるいは緊密な関係のある地域を半島の南方にもっていた）。

中国本土自体は、所謂三国時代に入り、魏、呉、蜀の三国が鼎立していた。

そうした状況の下で、卑弥呼が、中国北方の魏に使節を派遣したのは、漢朝の支配がゆらぎつつある流動的状況のもとで、倭国に最も近く、かつ政治的、外交的に重要な相手と考えられる「外国」としての魏と通交することが、倭国の支配体制を強化する上で、重要と考えたからであろう。いいかえれば中国は、卑弥呼にとって、みずからの権威を高めるための触媒であった。

このことをもっとも鮮明に象徴していることは、卑弥呼が魏から親魏倭王の地位と金印を授与されていることであろう。

■戦略的パートナー

他方、中国は、卑弥呼にとって、外交的、軍事的な意味での戦略的パートナーとしても重要だった。卑弥呼は、当時、狗奴国と交戦中であり、またそのことをわざわざ中国に対して説明していること[1]や、同年、帯方郡から倭国へ使者が送られ、「旗」や激励文がとどけられたとされることなど[2]に如実に現れている。

■思想の共有

しかし、より注目すべきは、中国から卑弥呼に送られた「贈り物」の内容である。

『魏志倭人伝』によって、卑弥呼が中国へ送った使節に、中国側から送られた「贈り物」は、大略

次のとおりだった。(3)

二三八年の使節
白絹、竜模様の紅い絹織、紺地の絹織物、
絹の絨毯
茜染めおよび藍染めの布
金
刀
銅鏡
真珠
赤色顔料

二四〇年の使節
金
絹布及び絹織物
刀

鏡
二四三年の使節
奴隷
綿、綿布及び綿衣
絹、絹布
丹木

卑弥呼は、中国から絹織物や絨毯などの他、銅鏡、真珠、赤色顔料などを受けとっているが、こうした贈り物は、巫女の儀式やシャーマニズムに自らの権威の重要な源泉を見出していた卑弥呼の「鬼道」を、中国が十分意識していたことを暗示している。

しかも、当時、北方中国においては道教が盛んであったといわれることや、『魏志倭人伝』が、倭国の使節の中国への航行安全を保障するための儀式の一つであったと考えられる「持衰」（体も洗わず、肉もたべず、性交もしないで航行に同行し、災難があれば殺されるという、ある種の生け贄的人物）のことについて丁寧に紹介していること[4]などを合わせて考えると、中国と卑弥呼との間にある種の、「価値観」の共有に近い交流があったこと、あるいは、少なくとも、卑弥呼の「鬼道」の権威を中国は十分理解して

いたことを暗示している。(5)

贈り物から持衰までの出来事を考慮すると、卑弥呼にとって、中国は、単に軍事的意味での潜在的パートナーであったばかりではなく、（現代風に言えば）思想なり価値観を共有しうる相手であったといえるのではなかろうか。

このように日本と中国とのほぼ最初の国家的付き合いにおいて、卑弥呼の日本と当時の中国の北方王朝が、軍事的理由をこえて、共通の価値観を持つ相手としてお互いを認め合っていたとすれば、それは、現代の国際関係を考える上でも重要な意味をもつ。なぜならば、国家間の関係においては、軍事的あるいは経済的関係をこえて、一定の価値観を共有できる間柄であるか否かが重要だからである。そもそも、国家は、単に特定の領土と経済的領域を持つばかりではなく、特定の政治思想を抱く精神的空間でもあるからだ。現在及び将来において、中国と日本が、戦略的利益や経済的利害を共有することをこえて、政治的理念を共有できるかいなかは、実は、日中関係の基本にかかわることであるという点を、卑弥呼と中国との関係からよみとらねばなるまい。

2　倭の五王と中国

卑弥呼の魏への遣使の後、いわゆる「空白の四世紀」を経た五世紀の始め、ほぼ二百年ぶりに、日本からの公式の使節が中国（宋）へ派遣された。以後、五十年以上の間、歴代の天皇は宋へ使節を派遣、「倭の五王」の対中国派遣使節として歴史上、顕著な動きとして知られている。

「倭の五王」の使節については、その時期、該当する天皇の名前、中国の対応（官位の授与の内容）などについて明白でないものもあり、遣使朝貢を全て数えると少なくとも九回に及ぶといわれるが、[1]時期、内容などが比較的明らかなもののみを掲げると次表のようになる。[2]

四二一　讃（仁徳天皇？）
　　官位授与

四二五　珍（履中天皇？）上表文持参
　　「倭国王、安東将軍」の官位授与される

四四三　済（反正あるいは允恭天皇）
　　同右の官位授与される（六国諸軍事を託するとの表現あり）

四六二　興　（允恭又は安東天皇）
　　同右の官位授与される
四七八　武　（雄略天皇）上表文持参
　　同右の官位授与される

■なぜ「倭王」は使節を送ったのか

こうした使節の派遣の裏には、当然、当時の日本の政権の中国観と対中戦略が込められていたはずである。

第一に、中国は、何よりもまず、朝鮮半島において重要な役割を演ずる大国であった。

当時、五胡一六国時代とも呼ばれるような中国北方の政治的混迷のせいもあって、朝鮮半島では、高句麗と前燕の抗争（三四二年）などがある一方、高句麗と百済の戦闘（三七一年）があり、また、半島南部では小さい部族国家が乱立する情勢であった。

その中にあって、「倭」は、朝鮮半島に政治的な支配地域あるいは特別に緊密な関係のある地域を持ち、そうした地域についての利害から、中国との関係を安定化する必要があったと考えられる。

言い換えれば、中国と倭との関係は、朝鮮半島問題を通じて繋がっていたのであった。このことは、「倭王済」が中国から授与された官位において、「倭国」の他、新羅、任那、加羅、などの「六国諸軍事」の管理権をもつ地位を与えられていることにも示されている。

しかし、そうした対外的な戦略の対象としての意味のほかに、中国は、「倭王」が国内政治上自らの権威を高めるために活用出来る対象であった。

当時日本では、「倭国」の権威が確立しつつあったとはいえ、九州地方の豪族が独自の使節を百済に送る動きがあるなど(3)「倭王」の立場からすれば、外交権をみずからに集中して掌握することが、国内的権威を確立することにもなりうる情勢だった。また、「倭国」が、地方の勢力と抗争していた有り様は、有名な「倭王」武の上表文で次のように書かれていたことにも如実に現れていた。

封国《ほうこく》は偏遠《へんえん》にして、藩を外に作す。昔より祖禰《そでい》、躬《みずか》ら甲冑《かっちゅう》を擐《つらぬ》き、山川を跋渉《ばっしょう》し、寧処《ねいしょ》に遑《いとま》あらず。東は毛人《もうじん》を征すること五十五国、西は衆夷《しゅうい》を服すること六十六国、渡りて海北を平ぐること九十五国。(4)

これら全ては、「倭国」の王室が、国内政治の安定と制度化のために中国の王朝の権威を借用しようとしたことを示唆している。

■なぜ南朝に接近したのか

ここで、一つの疑問は、卑弥呼が魏に朝貢遣使したように、かつて「倭」は、朝鮮半島と直接接する北方中国の王朝と緊密な関係を結んでいたことと対照的に、この時期、「倭王」が、もっぱら南方の宋朝にのみ接近したのはなぜかという点である。

これには、当時の中国大陸の情勢が大きく影響していたと考えられる。

三世紀後半、卑弥呼の最後の対中遣使の二〇年ほど後、中国北方は、晋によって統一され、二六六年には、「倭人」が晋の都に赴き特産物を献上したという動きもあったとされているが[5]、四世紀に入るや、晋朝内部では相次ぐ内乱が起こり、以後一世紀以上にわたって、五胡一六国時代と称されるような混迷が続き、その後、鮮卑と呼ばれる異民族が北魏を建国するという状況であった。おそらく「倭」としては、こうした混乱に加え、北魏が漢民族国家ではなかったことも手伝って、北方の中国には接近しなかったものと考えられる。加えて、高句麗の勢力が強くなり、中国北方の国との間で抗争がみられ、また高句麗が朝鮮半島においても南方の勢力と抗争する状況下で、「倭」としては、宋朝をいわばパートナーとして選択せざるを得なかったものと考えられる。

このように、「中国」という場合、中国の南の勢力か、あるいは北の勢力か、また漢民族の政権か否かが、日本の対中観や対中戦略に大きな影響を与えてきたことに注意すべきであることが、「倭の五王」と中国との関係の観察から改めて浮かび上がると言えよう。

3　『古事記』と『日本書紀』のなかの中国

神話時代から六世紀末頃までの天皇家の系図と業績を叙述したものとして、（異説はあるものの）八世紀始めに書かれたとみられている『古事記』には、対外関係に関する記述は少なく、それも、新羅に関するものが殆どであり、中国に言及したものは僅か二、三カ所に過ぎない。

他方、ほぼ同じ頃編纂された『日本書紀』（七二〇年）は、神代から七世紀末の持統天皇の時代までの歴史を描き、もとより史実とは認め難い部分も多いとはいえ、対外関係に関する記述も多い。

いずれにしても、『古事記』と『日本書紀』は、歴史書かつ文学書としてこれを見るとき、古代の日本の中国観を反映していると考えられる。ここでは、遣隋使および遣唐使（両者を一括して便宜上遣唐使とよぶ）の始まる以前の時代とそれ以降を一応分けた上で、『古事記』と『日本書紀』の中国観を考察することとしたい。

■遣唐使以前の時代

ようやく歴史書の編纂に取り掛かったばかりの当時の日本にとって、中国は、まず何よりも歴史の記述のある国、すなわち故事来歴の国であり、歴史に照らして模範とし、あるいはそこから教訓を得るべき対象であった。

このことは、『古事記』の成立について述べた序文において「皇帝陛下の名声は夏の禹王より高く、徳は殷の湯王に勝る」[(1)]と書かれていることに如実に現れている。

同時に、中国は、当時の日本にとって政治理念、政治思想を学ぶべき国であった。そうした政治理念の中核は、国家のなりたちと関連した、いわゆる華夷思想であった。このことは、日本国内の異民族について、それを野蛮な夷狄とみなし、朝廷の存在する地域を「中国」と呼んだ、次の記述に典型的に現れている。[(2)]

ヤマトヒメ命は、「この蝦夷らは、神宮に近づいてはならぬ」といい、すぐに朝廷に進上した。そこで御諸山の傍に安置させた。いくらも経たぬうち、ことごとく神山の樹を伐り、隣の里に大声で呼びかけ、人民を脅かした。天皇はこれを聞き、群卿に詔して、「神山の傍に置いた蝦夷は、もともと獣心をもち、中国に住むのはむつかしい（以下略）」。

こうした中華思想は、朝鮮半島の国と日本との関係にまで及び、たとえば、百済からの使者が来日した際、使者は、「（日本の）天朝の大きな恩沢は、遠く弊邑（小国、ここでは自分の国のこと）に及びました」と言ったとされており、また、中国との関係では、雄略天皇時代のこととして、「呉国が、遣使して

貢献した」と記されている。(3)

中国から来た「思想」は中華思想ばかりではない。たとえば、仏教、そして儒教があった。このことは、聖徳太子(五七四―六二二)の言動を伝えるところで、『日本書紀』が「内教(仏教)を高麗の僧侶彗慈に習い、外典(儒教)を博士の覚哿に学んだ」と記していることにも現れている。(4)

思想だけではない。中国は、貴重な物産、技術を持つ国だった。

中国からもたらされた貴重な物資のことについては、たとえば、天皇が特別の使いを「常の世の国に(派)遣し」橘を求めさせたという記述や、百済を通じて呉の財物を受け取ったとする記述、また技術については、呉王は日本からの使者に縫工女を数人与えたという記述など(5)から窺えるところである。

■遣唐使の時代

五世紀後半、雄略天皇の時代頃から、中国との往来が増えた様子が、『古事記』、『日本書紀』双方からうかがえるようになる。

たとえば、『古事記』の雄略天皇の章には、渡来した呉の人々を住まわせ、その土地を呉原と呼んだという記述があり、また『日本書紀』によると、同じく雄略天皇の章で、呉の国から二羽の鳥が献上されたという。(6) これらの記事と関連して興味深い点は、日本が、中国に「外交的」な気遣いを加えるようになったことである。右に引用した、鳥の献上の過程で、その鳥が筑紫に到着した際、県主の飼っている犬に噛まれて死亡するという事件が起こったが、その時、県主は「おそれ心配して」白鳥一〇羽を天皇に献上して許しを請うたという。また、数年後、呉の使節が来日した際には、天皇は、宴席に誰を同席させるかについて配慮したことが記述されている。[7] これらの記述は、日本にとって中国が国家的、外交的に大事な交流相手となってきたことを暗示している。そこから、やがて、中国の権威を受け入れる姿勢が見られるようになり、さらには、学問、知識の源泉としての中国の位置づけがよりはっきりしてくる。それが証拠に推古朝を過ぎるころから、『日本書紀』において「学問僧」への言及が見られるようになっていったのであった。[8]

しかし、こうした交流の増大は、実は、日中間の摩擦の増大と連動していた。

『日本書紀』の孝徳天皇の章において、新羅の使節が、唐の服装をして筑紫に来着したことに対してこれを「悪《にく》み、叱責して追い返した」と記述されているが、[9] ここには、日本と中国とが、朝鮮半島をめぐってライバル化している事情が暗示されている。

その後、『日本書紀』には、（日本と唐との戦争自体についての記述はないものの）百済と唐との戦闘、そして百済の援軍要請[10]などの記述が見られ、これらを通じ、中国と日本との間の緊張がうかがわれる。その後、唐からの使節の来訪の記事が相次ぎ、[11] そうした和解の動きにともなって、中国が日本と共に仏教を通じて共通の価値観を有する国であるとの認識が広まっていったことを象徴するが如き出来事が生じる。たとえば、唐の使節が、日本の天皇に阿弥陀像を献上するといった動きである。[12]
戦争と和解はこうして、日中両国の間の相互認識を深めていったのであった。
そうした相互理解の深まりは、同時に、日中間の微妙な文化的差異への意識を深めることにもつながったと見られる。そのことをうかがわせる記述として、『古事記』の序文の次のくだりがある。[13]

漢語で綴《つづ》ること、つまり漢字での日本語表記は容易ではない。すべて訓字で表記すると言葉の意味が十分通じない。またすべて字音仮名で書き連ねると長々しすぎて意味が十分に通じない。

この文章は、漢字文化、すなわち中国文化にひたりながらも、それとは違う日本文化への意識が同時に強まっていたことを暗示するものといえるのではなかろうか。
ここには、また、中国が、日本にとって自らのアイデンティティを確立する触媒となってきたことが暗示されているといえよう。

4 聖徳太子と中国

聖徳太子の時代は、遣隋使の派遣を中心として、丁度勃興しつつあった隋王朝と、おりしも大きな政治改革を実行中の推古王朝との間で、活発な接触があった時代だった。

これには、聖徳太子が直面していた当時の日本の国内政治状況に加え、変動する朝鮮半島情勢が影響していた。

■戦略的パートナーとしての中国

朝鮮半島に、いわゆる任那、あるいは他の形で、政治的勢力圏をもっていた大和朝廷は、国内におけるみずからの政権の正統性を確立するためにも、こうした勢力圏の維持につとめるべく、対立しつつあった新羅への大規模な出兵を計画した。けれども、この試みは、出征軍の総指揮官の皇族の死去などが（少なくとも表向きの）理由となって、中止された。

軍事的対応が挫折した後、政治、外交の中心に立っていた聖徳太子に残された選択は、勃興しつつある隋王朝と朝鮮半島政策についてなんらかの了解、連携をとりつけることであった(1)。

度重なる遣隋使の派遣の背景の一つは、こうした、朝鮮半島情勢にあり、中国（隋王朝）は、太子にとって、なによりも、潜在的、あるいは現実的な、戦略的パートナーであった。

ちなみに、聖徳太子時代の遣隋使の派遣状況を表にすると次の通りである(2)。

六〇〇年（推古八年）倭王「阿毎多利思比孤」使者派遣、「倭王は、天を以て兄となし、日を以て

弟となす」と言上

六〇七年（推古十五年）小野妹子を派遣「日出る処の天子、書を日没する処の天子に致す」云々の書簡を伝達

六〇八年（推古十六年）三月倭国の使者隋に。

六〇八年（推古十六年）九月小野妹子の帰国に隋行して来日した隋の使節斐世清を送って、妹子隋へ。「東の天皇、敬みて西の皇帝に白す」云々の書簡伝達

六一〇年（推古十八年）倭国の使者隋へ

六一四年（推古二十二年）犬上御田鍬を派遣

■国家意識の触媒としての中国

しかし、中国は、当時の大和朝廷にとって、戦略的パートナーである以前に、「外国」であり、日本の「国家意識」をかためる上での最大の触媒であった。

もとより、新羅、百済をはじめ、朝鮮半島の国々こそ、中国にもまして、当時の日本が国家意識を持ち、みずからのアイデンティティを確立する触媒ではあったが、それらの国々は、ある意味では、境界線上の存在であり、なかば「内地」の延長でもあった。そうした状況の下で、新しく登場した隋王朝は、日本の国家意識を高める上で格好の存在だった。

太子が、いかに国家意識の形成に努力したかは、いわゆる「十七条憲法」の制定や、官位の制度化などに現れているが、「十七条憲法」において、次のように、国、または国家という言葉が頻繁に使用されていることからも窺えるところである。(3)

第四条　百姓礼有らば、国家自ら治る
第六条　(勧善懲悪に背くものは) 国家を覆す利器なり
第七条　(治世において人を得れば) 国家永久にして社稷危からず
第十二条　国に二君非ず
第十四条　聖賢を得ざるときは、何をもってか国を治めん

いってみれば、聖徳太子にとって中国は、日本と向かい合う、殆ど唯一の「外国」であったのだ。

■胸を張って向かい合う相手

日本にとってほぼ唯一の「外国」たるこの中国は、しかしながら、太子にとっては、卑弥呼や倭の五王とやや異なり、その権威を借りてみずからの国内的権威や政治的地位を確立するための源泉というよりも、むしろ、できるだけ胸を張って、対等な関係を樹立することによって、逆に国内的権威を

も高めようとするための「相手」であった。

こうした太子の姿勢が鮮明にあらわれたのは、隋に対する日本の国書で、日本の天皇を「日出ずる処の天子」あるいは「東の天皇」と呼び、中国皇帝を「日没する処の天子」あるいは「西の天皇」と呼んでいることであろう。

この呼び方の歴史的意味については、古来いろいろな説が唱えられているが、国書の言葉の由来もさることながら、こうした呼称の問題を、太子が導入した冠位制度あるいは位階制度とあわせて考えると、ここには、明らかに、上下関係云々というよりも、外交儀礼をきちんとしたルールに従って行う国であることを内外に示そうとする意図がこめられていたといえよう（冠位の導入によって、使節の位づけが明白になり、相手の使節との対等性が確保できることになることにも注意を要しよう）。

また、こうした「胸を張った」外交は、国書での呼び名や使節のランク問題ばかりではなく、使節接遇の際の礼式（例えば拝礼のし方）にも反映されていた(4)。

こうした中国への対等意識は、太子が、仏教、儒教思想を始め、当時の中国の「学識」を十分会得しており、そうした知識、学問、思想の重要性を認識していたからこそであると考えられる。

■儒教の国、中国

そのことは、まさに、太子にとって、中国は、儒教思想の源泉であったことを意味している。

太子は、百済の博士から儒教の講義をうけたとされるが[5]、太子が儒教に精通していたことは、次のような点からも明らかである。すなわち、所謂冠位一二階をみると、最上位の大徳から最下位の小智まで、一二の位階において仁、義、礼、智、信という儒教の五常がちりばめられており、また、「十七条憲法」では、十一の条項に論語の思想が組み込まれていることである[6]。外交面で見ても、遣隋使に学生、学問僧が随行したこと、そして、『隋書倭国伝』によれば、六〇八年、中国からの使節に対して、日本の「王」は「我聞く、海西に大隋礼儀の国あり」と述べたとされていることからも、日本では、中国が儒教の国として重視されていたことが窺える。

太子が、こうした儒教思想を国内の制度改革に活用したことは、位階や憲法などを通じての国政の「制度化」によって豪族に対する支配を確実にし、天皇家の権威をたかめる目的を持っていたとみられるが、同時に、太子が、中国に対して「胸を張った」外交を推進した原動力にもなったと考えられる。すなわち、太子は、学問に通じ、儒教思想を実行している者として、いわば、知の面で、中国と対等にわたりあえる、また、わたりあってしかるべき者であるとの自負を保持していたとみるべきであろう。

■仏教の国、中国

儒教とならんで、太子が仏教を重視したことは、「十七条憲法」の第二項に、仏法僧の三宝を敬うべし、と記されていることからも明らかであり、太子は、国家統一の理念を固めるべく、氏族宗教をこえた国家的思想としての仏教を重視したことは、世に広く知られている。小野妹子が、中国皇帝に対して、日本の皇室からの伝言として「聞く、海西の菩薩太子、重ねて仏法を興すと」と述べたことは、まさに、同じ仏教重視の国同士としての日中関係構築を説いた言葉にほかならない。事実、隋王朝は、文帝、煬帝の二代にわたって、中国国内の民族的対立や地方対立を、仏教の国策化によって和らげようとしていた。太子は、そうした隋王朝の政治動向をとらえ、中国といわば共通の価値観を持つ国としての日本という側面を強調しようとしていたのであった。ここにも、太子の「胸を張った」対中外交の片鱗を見ることができる。

■真の対等外交とは

こうした「胸を張った」対中外交は、今日でも、しばしば「対等の立場」、あるいは、それに類似の表現で主張されることが多い。

けれども、実力なり政治的立場上、真に対等であれば、わざわざ「対等」云々を主張する必要はないはずである。従って「対等」の主張ないしそれを強調せんとする姿勢には、相手の見方や相手の価値観に照らすとこちらが低くみられるおそれがあり、そうではないことを誇示せんとする心理がかくされている場合が多い。

聖徳太子の対等外交においても、日本が、中国と同様の知識、礼法をもった国であることを誇示せんとしたものであり、中国の価値観や風習を十分習得しているという自負のあらわれでもあった。しかし、それは、中国的価値観を十分理解し、取るべき点はとり、捨てるべき点は捨てた上での姿勢であった。

ところが、現代の対中対等の主張には、どちらかというと、現代中国社会の価値観や風習についての十分な理解のないまま、中国的価値観に対抗するものとして別の価値観を対立させようとする意図が見え隠れしている。

中国的価値観の全面否定や無理解の上に、真の「対等」はない。聖徳太子の対等外交から真に学ぶべきは、中国の価値観や風習を十分理解し、それをむしろ逆手にとって、そうした価値観からみても日本が誇れる国であることを示そうとしたところにある。中国が、今後世界的大国に成長した暁には、この点を十分ふまえた対処が必要であろう。

5　遣唐使節にとっての中国

遣唐使節団は、西暦六三〇年から八九四年まで、約二六〇年間にわたって、一五ないし一六回派遣された。(1)その間、遣唐使の目的や使節団の構成などについては、時代と共に変化がみられたが、遣唐使が派遣された時期は丁度、日本では平安時代、中国では唐朝の時代にあたり、その時代の日本の中国観を考える上で、一括して遣唐使にとって中国とは何であったかを考えてみたい。

■派遣先、留学先としての中国

遣唐使節は、何よりも国家が派遣する使節であった。従って代表者はもとより、随行者も、「日本」を背負っており、したがって使節団の人々にとって中国は、「日本」を理解してもらい、またある意味ではこちらから「日本」を誇示すべき相手であった。このことは、日本が（六四五年以降であるが）遣唐使派遣にあたって中国に対して「日本」という国号を用い出したことにも象徴されている。また、こうした国威発揚的要素については、七〇二年の遣唐使粟田真人《あわたまびと》が、中国風の衣冠を身につけ、礼儀作法正しく、威風堂々としていたことが、次のように中国側の文書に書かれていることにも反映されている。(2)

長安三年その大臣朝臣真人、来りて万物を貢す。朝臣真人とは、なお中国の戸部尚書のごとし。進徳冠を冠り、その頂に花を為《つく》り、分れて四散せしむ。身は紫袍を服し、帛《はく》を以て腰帯となす。真人好んで経史を読み、文を属するを解し、容止温雅なり。則天これを麟徳殿に宴し、司膳卿を授け、放ちて本国に渡らしむ。

それと同時に、中国は、遣唐使にとって、知識、文芸、技術を移入する触媒であり、また、遣唐使自身そこで学問や文芸の道に励むことが期待される場所であった。その意味で、中国は憧れの国であるとともに、そこへの航海や留学によって自らの経歴に「箔をつける」場所でもあった。延暦の遣唐使に最澄及び空海が同行して中国へ渡り、後に仏教界の指導的地位に上ったことは、こうした側面を暗示するものと言えよう。

■遠い国

しかし、他方において、中国への航海は、多大の時間と労力、そして危険を伴うものだった。このことは、遣唐使を受け入れる中国側ですら、犬上御田鍬に対して、日本の「朝貢」を多としつつも、日本は遠方の国であり、毎年「朝貢する」に及ばないといっていることにも如実にあらわれていた。[3] それだけに、日本の政権にとって中国は、時として、(日本国内の政治状況によって)権力中枢から遠ざけるべき人を送り込む、ある種の「流刑地」ともいえる所だった。このことは、例えば、六五四年に入唐し、中国で没した高向玄理《たかむくくろまろ》にまつわる奇怪な伝説に暗示されているともいえる。玄理は、遣唐使として派遣される以前、新羅へ派遣された経歴をもつが、日本と新羅の関係が緊張するにつれて、権力中枢から遠ざけられたという見方もあり、[4] そうした経緯を反映して、唐において玄理は頭にロウソクを立てられてランプ代わりに使われる灯台鬼になって果てたという、有名な逸話が生まれたとも考えられるのである。いずれにせよ、歴史的事実としても、高句麗との戦争に従事していた唐朝は、六五四年の遣唐使に対して、明年まで日本に返すわけにはゆかないとして、遣唐使を洛陽に幽閉する措置をとった経緯があることは、遣唐使にまつわる政治的リスクを暗示するものであった。

■「国際社会」としての中国

中国は、当時の日本にとって、確かに遠い国であった。しかし、同時に、日本にとって、朝鮮半島の国々をのぞけば、海外の「世界」は、中国しかなかった。しかも、当時の唐王朝は、大帝国であり、異なる民族を包含する「国際的」場所であり、遣唐使やその随行者にとっては、同じ知的コミュニティーの中の相手であった。したがって、唐の言葉と文化を十分に吸収した若い日本の留学生や、中国文化に心酔した者が、航海の困難や中国での交友関係の深まりなどを背景として、日本に帰国せずに中国に留まり、いわば中国という「国際社会」のなかで生きて行こうとしたとしても不思議ではない。有名な阿倍仲麻呂（六九八—七七〇）はまさにそうした日本人の典型であったと考えることもできよう。

いずれにしても、当時、中国と日本が、言葉（漢文）や文芸を通じて、共通の「知的」コミュニティーを形成していたことは、日本側の使節のなかに中国に永住したものが出て来たことのみならず、中国が日本に派遣した使節団のメンバーでも、中国に帰国せず、日本に長く滞在した者がいたことからも推定することができる。この点については、たとえば、七六一年に来日した唐の使節、沈惟岳一行が、太宰府に止められたまま上京する機会をえず、結局沈を始めとして幾人かの者が官位を与えられて日本に帰化した経緯があるが、こうしたケースを好例としてあげることができよう(5)。

ともあれ、唐朝が、国際社会そのものの如く感じられるほど「大国化」し国際化していた時代を回顧し、また、その時代の日本人の唐への渡航、在住の歴史を想起することは、今後の日中関係を考慮する上で、大事な点と考えられる。

なぜなら、もし中国が、やがて、米国を凌ぐほどの経済力を持ち、また、軍事的にも大国化し、かつ、中国が、真に「豊かな国」になった暁には、過去一五〇年近く日本が、国際社会とほぼ同一視してきた欧米社会に(完全に代替しないにしても、かなりの程度)代わって、中国を国際社会の主流とみなさねばならない事態が到来するかもしれないからである。とりわけ、中国が、欧米文明や価値観を受け入れてきたのは、それが、中国として国際社会に参入し、そこで受容されるために不可欠だったからであるが、そうした時代が過ぎ、中国が国際社会そのものを形成する主導者となったとき、中国は、欧米的価値観をこえて、中国的価値観を国際社会へ投影するのみならず、国際社会自体を「中国化」しようとするであろう。

現在の日本では、英語が話せることや、欧米社会で受け入れられることをもって、「国際的」であることの指標としているが、そうした考え方は、大きな修正をせまられる可能性があることに留意しておくべきである。また、そこまでは行かないにしても、中国の懐に飛び込み、そこで名を成すことに生き甲斐を見いだす日本人も少なからず出てこよう。その意味でも、次章の阿倍仲麻呂の生涯は、決して遠い昔の物語に終わるものではないといえる。

6 阿倍仲麻呂と中国

数ある遣唐使とその随行員のうち、中国に長く留まり、唐朝の官吏となって、中国の要人と親しく交流し、遂に日本に帰国することなく彼の地に没した人物として名高い者の嚆矢はやはり阿倍仲麻呂であろう。

その仲麻呂にとって中国は、あるところまでは外国であったが、時が経つにつれて仲麻呂自身中国化あるいは国際化し、その結果中国社会は、今日でいえば、一種の「国際社会」として仲麻呂に認識されていったのではないかと考えることができる。

こうした観点から見た場合、仲麻呂にとって中国は何であったのであろうか。

■学びの場所、あこがれの国

仲麻呂が青年として生きていた頃、すなわち、八世紀前半の日本は、中国の文化、制度の吸収意欲が強く、また、そうした文化の移入を通じて自己改革を行おうとする向上心に燃えた時代であった。そうした時代において、中国は、なによりもまず、学びの国であり、憧れの国であった。そのことを、唐の書物は、次のように書き記している。すなわち、「(東夷日本国は)開元の初め(七一七年)、又、使いを遣はして来朝す。因って儒士に経を授けられんことを請ふ」[1]とある。また、仲麻呂と同時期に中国に渡った吉備真備が、中国から漢籍の他、(測量用の)鉄尺、幾つかの楽器、弓や矢などを持ち帰っていることからみても、中国が、広い分野の知識、技術の「学びの場」であったことを示している。

■自らを誇示すべき相手

このように、唐は、日本にとって学びの場所であっただけに、そこで「良い成績」を誇示すべき場所でもあった。すなわち、中国の礼法や文化から見て「立派な」日本であることを認めさせねばならない相手こそ中国であった。このことは、七五二年に入唐した藤原清河らが玄宗皇帝に拝朝した際、その礼がはなはだ立派であったので、玄宗は日本に「有義礼儀君子の国」という称号をあたえたという記事が唐の僧侶が書いたものに残っていることからも裏づけられる。[2]同じように、八世紀初頭に入唐した粟田真人の帰朝報告において、唐の人々が、日本は君子国であり、人民は豊かで礼儀厚い、遣唐使の姿も堂々としていると評価したことをことさら誇らしげに記録していることも[3]注目してよいであろう。

単に、礼法ばかりではない。日本側の知識や見識を中国人に対して誇示して見せることも重要と考えられていた。このことは、現実の遣唐使派遣の相当後になって書かれたものではあるが、有名な「吉備大臣入唐絵巻」において、真備が、唐の人々がつぎつぎに押し付けてくる難題を見事に解決してゆく場面を展開していることなどにも反映されている。(4)

■ロマンの国、中国

遣唐使のことがこのように華麗な絵巻ものになっていることにも暗示されているように、中国は、ロマンあふれる、壮大、華麗な国として、仲麻呂たちの頭にあったことは疑いない。それが証拠に、前述の絵巻においても、長安城は、豪壮な中門や宮殿の姿によって描かれている（諸説によれば、長安城は南北約九キロ、東西約一〇キロ、百を越える仏教、道教の寺院があったという）。

そして、仲麻呂の場合、そうしたロマンの一端を、中国の友人と共有したことが特徴的である。そのことは、仲麻呂が、当時中国で著名であった詩人たちと親密な関係にあったことにもあらわれている。仲麻呂の遭難を聞いて詩人李白が詠じたとされる送別の詩において、李白が、仲麻呂を名月に譬え、「名月不帰沈碧海」と言っていることは、ロマンの共有を暗示している。また、同じく当代有数の詩人で、謂城の雨にかけて「客舎青青柳色新」と詠った王維が、仲麻呂への送別の詩で、仲麻呂の故郷の緑の木々に思いをはせ、「郷樹扶桑外」云々と詠っていることも、詩情の深い共有を示したものといえる。

■国際的社会、そしてチャンスのある社会

しかし、仲麻呂にはロマンの先があった。仲麻呂は中国で大学に入学するや名前を朝衡と変え、優秀な成績で卒業すると、科挙の試験に合格して唐朝に仕官する身分となり、やがて皇太子の側に仕えた。[5] そこには、日本にいるときとは違う生き甲斐があったはずである。いいかえれば、仲麻呂は、日本を脱し、唐王朝という国際社会のなかに生きていた。

事実、当時の唐帝国自体、きわめて国際的であった。唐朝は、異民族の懐柔のためにも、異民族を積極的に登用した。それはまた、古くからの大貴族と、科挙を経て登用された新進官僚たちとの間の勢力バランスを政権内部で保って行くためにも望ましい方策だった。イスラムのアッバス朝との戦いで唐軍を率いたのは高句麗出身の将軍であり、有名な安禄山も、もとはといえば突厥の武将でイラン系の父と突厥人の母との間に生まれた人物だった。また、長安の町自体もゾロアスター教やネストリウス派のキリスト教の寺院やイラン人の市場が幅をきかす都だった。そうした「国際性」を持つ中国の都に長く滞在した日本人が、その国際性に感化され、そのなかに自らを投入しようとしたとしても不思議ではない。仲麻呂ばかりではない。七五二年に入唐した藤原清河も、河清と名前を変え、中国人と結婚して中国に永住した。

中国は、こうした人々にとって、国際社会そのものであったともいえよう。

他方において、仲麻呂の場合、彼が中国に留まって永住した背景、あるいは、国際人として生きようと決意した背景には、日本に比べ、中国こそが、（その国際性もさることながら）自らの人生の「チャンス」を生かせる場所であるという思いがあったせいとも考えられる。それというのも、仲麻呂の家系は、仲麻呂の死去にあたって自分たちでは葬儀の費用も払えないほど貧窮した下級貴族であったとみられるからである(6)。

また、吉備大臣入唐絵巻の第一巻で、真備が才能を妬んだ唐の人々によって高楼に幽閉された物語が描かれていたり、先にも引用した灯台鬼の物語等が流布されていたことの背景には、中国がいろいろな危険と災難を伴う遠隔地であり、いわば「恐ろしい異国」であるという感覚が、平安時代の多くの日本人に持たれていた傍証とも考えられる。そうした危険やリスクを伴うからこそ、中国は、また、チャンスに満ちた土地であった。それを仲麻呂は、心の奥に深く刻み込んでいたのではなかろうか。

■チャンスを生かす場所？　中国

現在の中国は、ある意味では日本人にとって依然として遠い存在である。なぜなら、中国人と結婚し、中国の会社なり機関に勤め、中国に永住せんとする日本人はきわめて数少ないとみられるからである。

数の問題だけではない。中国を、ある種の憧れの対象であり、国際色ゆたかな社会と見なす人は少なかろう。

けれども、工業製品や情報技術だけではなく、映画、音楽、絵画、舞踊などの文化面、そして、一部の高級食品（たとえばキャビア）や化粧品まで、中国「ブランド」が進出しだしていることを見れば、遠くない将来に、中国が、国際的にも「夢」を提供し得る社会へ変質し、そこに人生の夢をかけようとする人々も増えてくるであろう。その時には、おのずから中国社会も、どこまでかは別として、かなりの程度「国際的」にも一層開放されたものに近づく可能性が高い。その時、第二、第三の阿倍仲麻呂や藤原清河まではいかないにしても、中国に夢をたくす日本人がかなり出て来ても不思議ではない。

7 『枕草子』の中国

清少納言の『枕草子』（一〇〇一年頃）において、中国やその文物に直接言及されている箇所は、一〇数カ所にのぼる。『枕草子』は、ウイットの効いた随筆集なので、中国は、ウイットの材料として、先ずは、遠い夢の国の姿で現れる。

■美しき夢の世界

積善寺にお着きになると、大門のところで高麗楽や唐土の音楽を奏して、獅子や狛犬の舞がある。（中略）うっとりとして、どこか仏さまの御国に来たのではないかしら、その音楽のひびきとともに空にまい昇るここちであった。[1]

唐土の音楽が、ことさら人をうっとりとさせたのは、そこに異国情緒があり、しかもそれから夢の世界（ここでは「仏さまの御国」）が想起されたからにほかならない。

また、中国は、珍奇なもの、貴重な物品のある場所だった。

都の郊外にある貴族の屋形を訪ねた折に出された食事は田舎風で口に合いそうもなかったが、食器だけは麗々しいものだったことを皮肉って、清少納言は、

唐絵にあるような珍しい懸盤（食膳）などで料理を出したが、だれも見向きもしない。

と記している。[2]

このように、中国は珍奇あるいは貴重な物品の国であるというイメージは、『竹取物語』で、かぐ

や姫が、求婚者へ難題をふきかける一つに「唐土にある火鼠のカワゴロモをいただきたい」と迫ることにも現れている。ここでは、火にくべても燃えないめずらしい革衣が中国にあるという前提があり、それは、その国が珍奇なものの世界であることを示している。また、『伊勢物語』第八話で、三河の国八橋で、ある男が詠ったとされる有名な歌、

　唐衣きつつ慣れにしつましあれば
　　はるばる来ぬる旅をしぞ思ふ

のなかで、唐衣は、この男が優雅な暮らしをしていた「都」を象徴しており、ひいては「唐」が、貴重な、美しいものの産地であるというイメージを重ねたものといえる。

■美と知の尺度

このような中国のイメージは、中国文化へのあこがれを強め、同時に、美しさの基準を中国の評価を基に（あたかも、近代において欧米の尺度で日本の文物を評価したように）行うという風習を生んだ。日本では「品もおとり、見た目も美しくなく、ちょっとした文をやるにもつかわれることのない」[3]梨の花について、『枕草子』は、中国での評価を引き合いに出して、こうした日本の評価を批判している。[4]

しかし唐の国では、たいへん美しい花として、詩文の中にもよみこまれているのは、何か取りえがあるのだろうと、しいて気をつけて見れば、花びらのはしにあるかなし、かすかににおう色つやのよさ。楊貴妃が唐の天子さまの御使にあって泣かれた顔にも似て、「梨花一枝、春、雨をおびたり」などという詩の一節のあるのも故あるかなと思えば、やはり、このうえなくすぐれたものなのである。

また、中国のものより日本の方が優れて美しい云々といっている次の文章においても、本来中国のものは美しいという前提がかくされている。(5)

(宮さまのお姿は)なんとも申し上げようのない美しさであった。白氏文集の琵琶湖行に述べられた美女を思い出し、そばにいた女房に耳うちして、「詩の中によまれた、半ば面かくしした女というのも、これほどではいらっしゃいませんでしたよ、きっと……」。(以下略)

このように、中国の詩文、文化が、美しさを評価する尺度の一つであったこととの裏腹として、漢文、漢詩を中心とする中国の文化が、平安貴族の教養の高さを図る尺度であったことがにじみ出ている。

そしてこのことは、『枕草子』の中の有名なエピソード「香炉峰の雪の逸話」にあますところなく反映されている。(6)

雪のひどくつもった日、（中略）宮さまが、

「少納言よ、香炉峰の雪は如何」

とおっしゃったので、御格子をあげて御簾を高く巻きあげるとお笑いになった。みんなそれくらいのことは知っていて、歌にも詠まれているのだが、とっさの間には思いつかなかったのであろう。これは白氏文集に香炉峰の雪は簾をかかげて看るという詩の一節のあるのを思い出したのだ。

この一節は、清少納言の漢学の知識の深さや才知あふれる性格などを示すものとして有名だが、日本人の中国観という観点からこのエピソードを見れば、中国文化が、貴族階級の共通の教養になっていたことがよく分かる（因みに、雪の日の場面で、源氏の側の者が、白楽天の詩をふまえて歌を詠い、源氏を面白がらせるというエピソードが、『源氏物語』「末摘花」にも見られる）。

また、清少納言は、ある男性との会話のやりとりのなかで、相手が「気もちというものはそう簡単には変えられないものですよ」というのに反論して、「では論語の改むるにはばかりなしというのはどういうことになりますの？」といっている。(7) ここには、論語という中国的教養が、平安時代の女性

においても知的権威の中心であったことが暗示されている。

■知的権威と政治的権威

このように、中国は、平安時代の日本にとって「知的権威」の源であり、基本的には、明治時代までそれが続いたといえる。従って、いわゆる脱亜入欧は、日本にとって知恵の権威の源泉が、中国から欧州へ移ったことを意味していた。

しかし、知的権威の源泉としての中国と西洋では、すくなくとも一つ大きな違いがある。すなわち、知的権威としての「西洋」は、政治的な意味での国家と二重写しではない。西洋文明の代表者は、時と所によっては英国であったり、フランスであったり、ドイツであったりした。ところが、中国という知的権威は、中国国家と二重写しであり、その知的権威は、容易に中国という国家の政治的権威と重なり、政治的色彩を常に帯びることとなる。

平安時代において、日本が中国の政治、法律制度を全面的に受け入れた背景の一つには、こうした政治的権威と知的権威の重なり合いがあったことも影響しているとみなければなるまい。しかし、明治以降の西洋文明の受け入れは、知的権威としての西洋を受け入れた一方、日本の政治的「独立」が強調され、政治的権威としての「西洋」がどこまで素直に、一元的に受け入れられていたかについては、疑問がある。

言い換えれば、今後、国際社会において中国の知的権威が高まる場合、中国が、日本にとって政治的権威としても通用するかどうかは、大きな問題である。平安時代における中国文明の受容と、その後の日本文化の「日本化」の過程が、当時の中国と日本との政治的関係とどのように結び付いていたかは、深く検討されねばならないテーマであろう。

8 『源氏物語』の中の中国

『源氏物語』(一〇〇四―一二年頃)には、中国の故事や中国の文物、歴史上の人物への言及など、直接中国あるいは中国人に言及した箇所が散見され、その数は少なくとも三五カ所前後にのぼる。

これらの、『源氏』における中国への言及は、大別すると、ほぼ次の四つに分けられる。すなわち、(一)中国の故事や歴史上の人物を『源氏』における人物像に重ね合わせたり、あるいは、ストーリーの類似性を想起させることによって、感情移入を倍加させ、読者の想像を一層かき立てる場合――すなわちここでは、中国は、歴史豊かなロマンの地と見なされている――、(二)中国は、政治制度を始めとして、見習うべきお手本であり、それ故に、中国に言及することによって、登場人物が、自己の考えや行動を合理化せんとする場合――ここでは中国は、お手本または模範とされている――、(三)中国が、文化的な教養の源として登場する場合、(四)中国と日本との対比が描かれ、日本との文化的違いが暗示されるか、あるいは明示的に強調されている場合、である。

■歴史のロマンに満ちた中国

『源氏』において中国は、何よりも故事と歴史のロマンに満ちた世界であった。そのことは、何よりも、『源氏物語』の冒頭の「桐壺」の巻において、二度にわたり玄宗皇帝と楊貴妃のエピソードが、『源氏』の登場人物の心理描写を比喩的に説明する材料として用いられていることに現れている。

桐壺への帝の思いがあまりにも深く、周囲のものが政事への影響を懸念するほどであることを描写するにあたって、

唐の国でもこの種類の寵姫、楊家の女の出現によって乱が醸されたなどと陰では言われる

と、記されている。(1) また、桐壺が亡くなった後、帝が亡き人への思いを断ち切れぬ様を描写する際も、玄宗と楊貴妃の悲劇を詠った、白楽天の長恨歌の一節を引用して「お二人の間はいつも、天に在っては比翼の鳥、地に生まれれば連理の枝という言葉で永久の愛を誓っておいでになった」と書かれている。(2)

このように、中国の歴史上の人物になぞらえることが、登場人物の心理を一層切実に訴えるための

触媒となっている例としては、楊貴妃の他、王昭君[3]や漢代の李夫人のいわゆる反魂香のエピソード[4]などをあげることができる。

また、妙なる音楽に感じ入る場面では「白楽天の聞いた」琵琶の妙味が記され、あるいは、月の美しさを愛でる場面では「二千里外故人心」という漢詩が引用され、さらには人生の無常を嘆くところでも白楽天の詩が引用されている[5]。

これらの場面を通じて感じとることのできる大きなポイントは、中国が主として漢詩を通じて理解され、したがって、そこでは中国は、現実以上に「詩的」かつロマンチックな世界として写っていたことであろう。

こうしたロマンチックな中国のイメージは、正に中国の詩文によって支えられていた。

遣唐使などのごく一部の例外を除き、中国に実際旅することはほとんど考えられない時代において、中国は、いわば遠い、見知らぬ国であり、詩文や絵画から「想像する世界」であった。それが、中国のロマンを一層かきたてた。

このように、「遠い中国」と言う感覚は、源氏が配所同然の身で須磨に着いたとき、

唐国に名を残しける人よりも
ゆくへ知られぬ家居をやせん

と詠ったことにも現れている。[6] また、「箒木」の巻で、画家の絵を鑑賞する際の心得を述べたところで、「唐にしかない風景や獣を勝手放題に誇張して描き、現実から遠くとも、人々は現実を見知っているわけではないから、それで通ってしまう」という趣旨が語られているが、[7] ここでも、中国が、実は想像の世界において存在していた、遠い国であることが示されている。

■見習うべき模範

中国が、『源氏』の登場人物や当時の読者にとって、ロマンに満ちた国であったのは、そこに憧れがあったからであり、そうした憧れは、中国式政治制度、慣習の導入と裏腹をなしていたのは当然である。明治時代の西洋へのあこがれとロマンの投影と同じように、ロマンの裏には、政治、外交の影があった。

先に引用した、玄宗皇帝と楊貴妃の逸話も、ロマンの香りとともに、天子が女色に溺れて天下が乱れてはならないという「戒め」の色彩をもっており、中国の例にならって政治を正すべきとの見方を含んでいることは明らかである（この点については、同じ「桐壺」の巻の後半部分で、「支那の歴朝の例まで引き出して言う」人がいたとさえ書かれている[8]）。

こうした点とも関連して、中国は、日本における特定人物の行動やその人の置かれた状況を、いわば「合理化」する範例として利用された。

源氏が、配所の身にありながら、入道の琴の演奏をやや遠慮がちに楽しもうとすると、入道は、「なんの御遠慮もいることではございません」とのべ、続いて、白楽天が左遷されて旅する途次、河のほとりで、琵琶を聞いて感慨にふけった故事を引き合いに出して、源氏の行動を「合理化」してなぐさめるのである。(9)

また、「明石」の巻では、「罪に問われることは、支那でもここでも源氏の君のようなすぐれた天才的な方には必ずある災厄なのだ」、あるいは、「支那などでも夢のお告げを信じてそれで国難を救うことができたりした例もあるのですから」といった形で、中国の「例」が日本における状況や行動を合理化するものとして使われている。(10)

このように中国が、模範や戒めや先例の原点として重く用いられたのは、単に中国への敬意やあこがれだけのせいではない。平安時代の貴族社会においては、先例、故事来歴、形式の踏襲が大切であったが、そうした先例は、歴史の記録の先達たる中国に豊富だったからだ。

父と同じ女性を求めて子までなしたことに苦悩する源氏が、先例の有無を調べようとする様子を、紫式部は、次のように描いている。(11)

歴史の上にこうした例があるかということを聞きたいと思召され（中略）支那にはそうした事

実が公然認められている天子も、隠れた事実として伝記に書かれてある天子も多かったが、この国の書物からはさらにこれに当たる例を御発見あそばすことはできなかった。

自分のこれからの行く末をはかりかね、尼になるべきかとも悩む六条の御息所は、中国において不幸な末路をたどった皇妃を想起して、つぎのように自問自答する。(12)

漢の初期の戚夫人が呂后に苛まれたようなことまではなくとも、必ず世間の嘲笑を負わねばならぬ人に自分はなるに違いない――

先例を中国に求めるということは、政治的な事柄や人の運命に関することばかりではなかった。そもそも、この時代、支配階級の資格の一つとしての教養の原点は中国の文物にあった。とりわけ、宮中における男子のたしなみの程度は、中国文化についての教養によって決められた。

そのことは、「乙女」の巻で、ある文章博士が講師になって詩文を読み上げる場面で、次のような形で述べられている。(13)

この人はことに深い学殖のある博士なのである。こうした大貴族の家に生まれて、栄華に戯れてもいるはずの人が蛍雪の苦を積んで学問に志すということをいろいろのたとえを借りて賛美した作は句ごとにおもしろかった。支那の人に見せて批評させてみたいほどの詩ばかりであると言われた。

このように、中国の詩文は教養の象徴だった。感興を催し、詩的ムードに浸るとき、和歌のみならず、漢詩を想起したり詠ずることはしばしばであった。(14) また、歴史書、とりわけ『史記』が引用された。先の戚夫人への言及も『史記』が土台となっているが、源氏自身、『史記』から史実を引用することもあった。「榊」の巻では、宴席で「源氏自身もよい気もちになって、『文王の子武王の弟』と史記の周公伝の一節を口にし」ている。(15)

こうした中国の文物が教養の象徴であったことは、同時に、それが主として男子の教養の源であり、男性優位社会を維持する手段の一つともなっていたことを意味する。平安時代の、かなによる女流文学は、ある意味ではそうした男性優位社会に対する抵抗であり、女性の自己主張の象徴でもあったことは明らかである。現に、風流男として通っていた、源氏の友人、左馬頭《ひだりのうまのかみ》は、女性が、漢字を書いて教養を示そうとする傾向をつぎのように皮肉っている。(16)

女も人間である以上、社会一般のことについてまったく無知識のものはないわけです。(中略)

自然男の知識に近いところまで行っている女はつい漢字をたくさん書くことになって、女どうしで書く手紙にも半分以上漢字が混じっているのを見ると、いやなことだ、あの人にこの欠点がなければという気がします。

■対比の相手

中国は、こうして、ロマンの対象であり、また、模範でもあった。しかし、同時に、中国は、日本がみずからをそれと比較、対比する対象であった。いわば、中国は、日本の独自性を確立する「鏡」でもあった。

このことは、『源氏』において、とりわけ、日本の感性や感覚が、中国と対比されるかたちで描かれる場合に浮き彫りにされている。

たとえば、色彩感覚の違いである。

日本の紙と朝鮮や中国の紙の色の違いを浮き彫りにした次の文章は、色彩感覚の国際比較を通じて、日本の特徴を強調しようとしたものといえる。(17)

支那の紙のじみな色をしたのへ、漢字を草書で書かれたのがすぐれて美しいと宮は見ておいでになったが、そのあとで、朝鮮紙の地のきめのこまかい柔らかな感じのする、色などは派手でない艶なのへ、仮名文字が、しかも正しく熱の見える字で書かれてある絶妙なものを御見つけになった。（中略）また日本製の紙屋紙の色紙の、はなやかな色をしたのへ、奔放に散らし書きをしたものには無限のおもしろさがあるようにも思われになって（以下略）

同じように、中国の文化的伝統との対比は、音楽の分野においても登場する。(18)

松原の下の雑木の紅葉が美しく波の音だけ秋であるとも言われない浜のながめであった。本格的な支那楽高麗楽より東遊びの音楽の方がこんな時にはぴったりと、人の心にも波の音にもあっているようであった。

そして、こうした対比の繰り返しから、次第に自己の文化のアイデンティティが形成されてゆき、「和魂漢才」の考え方が生まれてくる。その過程を、『源氏』の「乙女」の巻では、一言でつぎのように言う。(19)

日本魂をいかに生かせて使うかは学問の根底があってできることとぞんじます。

ここでは、中国の文化が、漢学という「学問」によってひとまとめにされており、日本文化の根底は、「日本魂」とよばれているといえよう。

また、夕霧の大将は、女性の前で、琵琶を借り想夫恋の曲をひくが、この想夫恋は、もともと、中国の昔の時代の蓮にまつわる故事「相府蓮」にもとづくもので、それがいつの間にか日本では、想夫恋として夫を思う恋歌となったとされている曲である。ここには、既に平安時代において、中国の文化が、日本風に変容されている姿がかいま見られており、中国と日本との関係が、対比をこえ相互に影響しあうものになってゆく過程が暗示されている。

■想像空間としての中国

振り返って、『源氏物語』において、中国の古典が、これまで見たように、随所で読者の想像力をかき立てる触媒として利用されていることは、『源氏』における中国が、現実の中国ではなく、作家あるいは読者が作り上げた想像上の概念であったことをあらためて想起させるものである。

長い間、日本の知識人に刺激をあたえてきた「中国」なるものは、日本人が体験した、あるいは実際に見聞した中国ではなく、書物や伝承からつくりあげられた、想像上の空間だった。おなじように、明治時代から昭和の初期にいたるまで、日本の文人、芸術家、そして知識人一般に影響を与えてきた

「西洋」も、絵画、小説、伝聞などによって作り上げられた「西洋」であった。なぜなら、現実に「西洋」を体験できた人々は、平安時代の人々が中国を体験していなかった程ではないにしても極めて限られていたからである。だからこそ、現実に「西洋」を体験した文人は、漱石、鷗外にせよ、あるいはまた、荷風、藤村にせよ、想像空間としての西洋と現実の西洋との乖離や衝突に悩まねばならなかった。しかし、幸か不幸か、平安時代の文人、知識人はそうした乖離や衝突に悩むことはなかった。なぜなら、現実に中国を体験することは事実上ほとんど不可能だったからである。

平安時代の貴族は、「美しい中国の夢」のなかにいた。従って、彼らの中国観は、みずからの夢の幻影だったともいえるのである。

9 円仁の見た中国

仏教の僧侶の中国滞在記として著名なものの一つは、八三八年から約十年間中国（唐）に仏教の修行のため滞在した円仁（七九四―八六四）の残した旅行記『入唐求法巡礼行記』（以下『巡礼記』）であろう。この旅行記については、足立喜六による近代語訳[1]があり、また、円仁の研究に新しい光をあてたライシャワーの著作『円仁唐代中国への旅[2]』がある。

以下この両著を中心に、円仁の見た中国を、日本人の中国観と言う観点から考察してみたい。

■国家と仏教

円仁は、仏教の修行のため中国へ渡来したことから、当然、彼の中国観は、まず、仏教と国家との関係に向けられたと考えられる。そもそも、円仁の中国渡航は、遣唐使の派遣と連動していた。従って、彼の中国渡航は、日本と中国との間の国家間の関係のなかで行われたものであった。それだけに、円仁は、中国における国家と仏教との関係に敏感だった。中国において、円仁は、仏教が国家的儀式と融合していることにあらためて深く印象づけられた。

円仁は、八三八年十二月、揚州の開元寺で、先帝(敬帝)の法要が盛大に行われた様子を詳細に記録しているが[3]、そこには、仏教と国家的行事との融合があますところなく表されている。

また、当時の皇帝武宗の誕生日の祝賀会が仏教寺院で盛大に行われたが、『巡礼記』にはそうした祝賀会のことが記録されている。ただ、そうした記述は、開元寺での法要などと違い、必ずしも詳細を極めたものではないが、ライシャワーは、円仁がこれらの行事について「数多くのすばらしいことがらはとうてい数え切れない」と述べていることをもって、円仁が深く印象づけられたが故に、ある意味では全体の荘厳さを当然視していたとの趣旨を述べているほどである[4]。

このように、当時の中国においては国家と仏教との深い繋がりがあり、また、中国はインドから仏教が伝わって深く根を下ろしている所であり、そこに修業に行く僧侶の円仁始め日本の仏教僧侶にとっては、中国は、「聖地」であった。中国を聖なる国、聖国と円仁が呼んでいる所は、数カ所に及び[5]、また、聖地、聖跡、聖境と言った言葉も随所に用いられている。

このことは、また、円仁が、中国においてしばしば「奇跡」を体験していること（それを記述していること）にも表れている。

文殊菩薩の跨がる獅子は、「あたかも運動する」ように見え、また、円仁が修行した五台山では「霊化は頻りに現れ」、そして五台山の洞窟では、石が光り輝いているが、それは「聖人化現の致す所」であった[6]。

こうした奇跡の土地中国は、新羅や日本など、海外の仏法僧を受け入れる、開かれた国であった。もとより、円仁の旅行や滞在中には、中国官憲の、時として繁雑あるいは厳しい態度や手続きに見舞われたことも稀ではなかったが、大国中国の「国際的」威信や懐の深さを垣間見ることも少なくなかった。「（仏法についての中国の）芳声は遠く海外に振るい[7]」というくだりや、中国の官吏の言葉として「仏法東流は古より言う所なり[8]」といった円仁の記述に中国が日本への知識の流れの源であるという感覚がにじみ出ている。

また、中国の多くの寺が一種のホステルないし宿舎として僧侶のみならず一般人に開放され、新羅と渤海については、新羅宿、渤海宿と言われるものまであったことは[9]、中国が海外からの旅行者、滞在者の受け入れ体制を確立していたことを暗示しており、円仁もこうした中国の制度、慣習の中に、大国中国の「国際性」を感じたことは疑いない。

■中国の広大さと多様性

こうした中国の大国としての地位に対する見方は、同時に、中国の地理的な広大さについての印象とも結び付いていた。

円仁は、滔々と流れる黄河の流れを目の当たりにして驚き、また、仏教聖地五台山に入って山の谷を覗いて谷底の深さに感銘を受けた[10]。そして、こうした中国の自然の広大さと裏腹をなすものとして、中国文化の華麗さがあった。たとえば、長安に向かう途次に立ち寄った金閣寺で円仁は、金銀の字、玉や象牙や白檀を用いた経典や夥しい金、銅の道具などに驚嘆した[11]。

また、円仁は、いくつかの珍貴な事柄に遭遇した。一つは、イナゴの大群である。イナゴの大群とその被害について円仁は、数カ所で記述している[12]。また、燃える石である石炭についても、円仁は、中国人が神の授けた火という見方を紹介する形で、自らの初体験の驚きを表現している[13]。

中国の地理的広大さへの円仁の感慨は、同時に地方、地方の違いへの認識と裏腹であった。山東省あたりでは、数年来人々は飢餓に苦しみ、賊の略奪も頻繁であり、布施として食を供する者もいない有り様である一方、南の揚州近辺では、「穀熟して飲食は得易し」という状態だったことを、円仁は嘆息気味に記述している。[14] そして、そうした地方毎の反映もあって、円仁を迎える各地の人々の態度は、あるときは礼儀正しく、あるときは、冷たく礼儀もなく、大きく違っていたことが、日記の随所に描かれている。

そうした、ある意味でのばらばらなところ、あるいは、中国における多様性の存在は、中国人の行動パターンにも現れていた。例えば、僧侶の行動様式である。長安付近の開元寺に寄宿している際、禅僧と筆談した円仁は、中国の僧侶が、「閑々として繫《かかわ》ることなければ、山水に雲遊す」と聞き、[15] その悠然たる様に感じ入っているが、他方、五台山へ向かう途次に宿泊した禅寺では禅僧たちの態度を、極めてさわがしいと形容している。[16]

■屈託なき民と峻厳な政治

他方、右にあげた禅僧の行動様式は、ある意味では、「豪放で直裁的な生き方」として円仁の目に移っていたという解釈も可能であろう。[17] そして、このような、ある種の屈託のなさは、禅僧のみならず大衆にも見いだされた。大掛かりな供養の行事の際、妊娠した婦人が、腹の子供の分もふくめて二人分の食べ物を要求したことと、それに対する寺院側や布施主側の反論の有様を、円仁は、詳細に描いているが、そこには、どこか屈託のない中国人の行動様式に対する感慨が込められている。[18]

また、円仁は、中国人から聞いたと思われる当時の政治的事件などについても言及しているが、そここには中国における政治の峻厳さについての感想が読み取れる。たとえば中国の官吏の言として「此の国の政は極めて峻《けわ》し」と述べており[19]、事実、円仁の滞在中にも、軍の革命や宰相の反乱、異民族の侵入などがあり、そうした政治的変動にともなって罪なき者が捕らえられたり残虐な刑をうけたことが語られている[20]。

こうした政治的変動の厳しさを円仁に最も痛切に感じせしめた事柄は、武宗の道教重視による、仏教排斥であった。元来、円仁が中国へ渡航した時代、仏教は既に最盛期を過ぎていた。それが証拠に、円仁の日記には随所に、廃墟となった寺や僧が不在の寺院の記述があるが[21]、武宗の仏教排斥によって、寺院は大きな打撃を受け、小規模の寺が廃止となり、僧侶の還俗が進められたのであった。円仁は、そうした武宗の道教の尊重と仏教排斥という政治的動きを詳細に語っている[22]。

■日本との比較

最後に、円仁の中国観のなかで、無視できない点は、祖国日本と中国との比較である。円仁は、随所で、中国の風習や方式が、日本と同じであることを感じ、それをことさら日記に記述している。たとえば、中国の立春での点灯儀式は、日本の大晦日の点灯とかわらないと言い、また、寺院でのお香の焚きかたも「本国と一般（同様）なり」としている[23]。

それだけに、円仁は、彼我の微妙な差異に敏感であった。寺院における経義の問答のやりかたでも、記録のとりかたなどは日本と一緒でも、反問の仕方などは「稍別なり」[24]であった。また、点灯行事はたしかに似てはいるが、建物の各所に点灯する日本と違い、中国では門の常夜灯しか灯さない点も円仁は、丁寧に観察、記述している[25]。

他方、日本との関係で、円仁が最も強く感じたことの一つは、中国の関係者が、日本のことについてよく知らないことであった。このことは、円仁が、中国人から、日本についてのきわめて基礎的な質問をうけたことに現れていた。例えば、日本は寒いかとか、あるいは、僧寺は存在するのか、といった質問をうけたのであった[26]。とりわけ、中国の日本についての知識不足を、円仁に深く感じせしめた出来事は、八三九年一月の遣唐使の拝謁についての逸話であったといえる。遣唐使に随行した日本の僧侶からの円仁の聞き書きではあるが、日本国が、拝謁の格式としては、雲南省にタイ民族がたてた南照国につぐ第二に位置づけられ、しかも、他の国の使節は「屈醜（こごんで醜い）にして皮氈（毛皮）を着せり」[27]という状態であり、日本がこうした国と同列、あるいは劣位におかれることへの不満が、円仁の文章の行間から感じ取れるのである。

■日中関係の将来像

円仁が感じた右の不満、そして、中国人が日本のことについて無知であるということへの悲憤――これらすべては、大国中国に日本が立派な国として認められたいという意識とつながっている。

卑弥呼以来、日本は（中国と真に対等とはいえなくとも）それなりの地位のものとして認めてもらいたいという願望を持ち続けてきたといえる。ところが近代において、日本が中国にさきがけて近代化して以来、そうした願望は後ろに下げられ、むしろ対中蔑視感情すら広がった。そうした蔑視感情が、実は、かつての「願望」の裏返し（すなわち、ある種のコンプレックスの逆転）であったことは、多くの人の指摘するところである。

今や、中国が名実ともに大国として君臨しつつあるとき、日本は、再び大国中国にそれなりの敬意と礼節をもって「認められる」ことを「願望」するのか、それとも、中国よりも近代化に先行したように、現代社会の問題解決能力において中国を凌ぐ道を歩もうとするのか、あるいはまた、円仁のように、日本、中国双方を越えた、云わば全人類的立場にたった思想を日中両国が共有することを目指すのかは、今後の日中関係を規定する大きな要因であろう。

10 平清盛の中国観

■平安貴族の中国観への挑戦

平安貴族は、概して内向きであった。異国の人々に対する警戒感が、朝廷とその周囲の貴族社会の一般的風潮であった。たとえば、一〇七二年僧侶成尋が宋に渡り、神宗の書簡と進物をもって帰国した際、朝廷は五年間も返答せず、ようやく僧仲回の渡航の際に進物と書簡を用意したが、この書簡はあくまで事務的なものであり、その後は宋からの度々の書簡にも返答しなかった[1]。

ところが、公家に対する武士の立場を確立せんとした平清盛（一一一八―八一）は、いわば、「成り上がり者」の一つの特徴として、既存のやり方に対する反逆あるいは挑戦を行ったが、その一つは中国に関するものであった。例えば、一一七〇年、清盛は、福原の別荘で、後白河法皇と宋人との会見を実現させたが、時の右大臣藤原兼実は、これを以て「天魔の為す所かな」と呼んだことは良く知られている。中国は異国であり警戒すべき相手であるという平安貴族の見方にことさら挑戦するための手段の一つとして、清盛は「異国」中国を活用したともいえるのである。

■貿易相手としての中国

しかし、そうした清盛の中国に対する態度は、公家への挑戦という動機のほかに、経済的思惑もからんでいた。すなわち、清盛にとって、中国は重要な貿易相手国であった。このことは、平家の勢力基盤が、海賊の取り締まりと貿易による富の蓄積にあったことと関連している。そもそも平家は、清盛の父忠盛の時代から、九州、瀬戸内の海賊とりしまりと宋との貿易に力を注いでいた。それが故にこそ、清盛は、大輪田の泊（現在の神戸港）の整備に熱心であった。

そして、清盛は、朝廷における自らの政治的地位を確立するために、日宋貿易から得た品物を活用した。たとえば、一一七九年、清盛は中国の貴重な図書『太平御覧』を天皇に奉じており、また平家一族の法会では、よく「唐物」が参席者に贈られたという(2)。

もっとも、清盛が、宋との交易に熱心だったのは、国内政治上の思惑や経済的利益の追求といった動機に加え、安全保障上の考慮もあったと考えられる。そもそも宋朝は、北方では、契丹族の建国した遼及び女真族の建てた金、また、西方ではツングース系の西夏などによって圧迫されていたが、それらを懐柔するために、交易を盛んにし、絹、茶、銀などをこれら諸国に提供していた。いいかえれば、宋の作り上げた巨大な経済交易圏は、交易による相互依存関係を作ることによって自国の安全保障を確保する方便でもあった。当時、日本では、伊豆地方への異人の侵入(3)や海賊の横行など安全保障面での不安もあったと見られ、そうした不安を解消する一助として、宋の巨大な交易圏に日本を位置づけておくという考慮が(どこまで明確に意識されていたかどうかは別として)、清盛の脳裡にあったことは十分考えられるところである。

■日本人の対外意識と中国

総じて、清盛と中国との関係については、清盛の中国観如何の問題よりも、平安時代の日本人の対外意識との関係が重要といえる。すなわち、清盛は、国民の内向き思考をふまえ、武士階級の政治の新しさを強調するために「中国」を利用したといえる。内向きになり勝ちであった平安貴族の向こうをはって、中国との交易、交流に積極的姿勢を示すこと自体が、平家政権の新しさと既存の階級に対する挑戦心を体現していた。

現代においても、「中国」は時として、特定の政治指導者本人の中国観とそれほど関係なく、その時々の日本国民の対外意識の修正や、時の政権の内政上のイメージ変更といった政治的考慮のために利用される場合があることに目を向けなければなるまい。

11 道元の見た中国

福井県永平寺の開祖として名高い道元禅師（一二〇〇―五三）は、一二二三年四月から二七年八月まで、約四年半の間中国に滞在した。道元は円仁のような旅行記や日記を残しておらず、道元の中国体験を直接考察できる資料は見い出し難い。しかしながら、道元の忠実な弟子であった孤雲懐弉《エジョウ》禅師が、道元の教え、あるいは言説を取りまとめた『正法眼蔵随聞記』[1]は、多くの中国の故事や中国での出来事に言及しており、そこから、ある程度道元の中国観を抽出することができる。以下『正法眼蔵随聞記』によって、道元の中国観を考察してみたい。

■「学ぶ」べき対象

仏法修行に中国へ赴いた道元にとって、中国は、なによりも先ず、教えを請う相手であり、教訓の源であった。事実、『随聞記』において、中国の故事来歴が、教訓として引用されているケースは枚挙に暇がない。いいかえれば、中国は、歴史に学ぼうとする国であり、歴史を社会や政治において「活用する」国であった。

『随聞記』に引用されている故事は、高僧の言葉や行為にまつわるものばかりではなく、唐の太宗や漢の高祖、秦の始皇帝に関係する故事もある。[2] これを『随聞記』における日本の故事からの引用と比較すると、日本の場合は、もっぱら高僧の言動[3]に関するものはあっても、著名な皇帝や為政者に関連して故事が語られている例は少なく、せいぜい頼朝に関する故事程度であり、[4]中国の故事こそが、日本においても、ある種の知的な「権威」を帯びていたことが暗示されている。

このことは、中国に関する第二の見方、すなわち、普遍的真理の源が中国にあるという見方につながる。それは、単に、中国で知識を得、教えを学ぶという意味ではなかった。物事の真理にふれ、ある種の悟りを得る場所であった。そのことは、『随聞記』の次の部分にあきらかにされている。[5]

私が宋にいた時のこと、座禅の道場で古人の語録を読んでいた。その時、ある、四川省出身の僧で道心あつい人であったが、この人がわたしにたずねて言った。

「語録を見て何の役に立つのか。」

私は言った。「くにに帰って人を導くためだ。」

その僧が言った。「それが何の役に立つのか。」

私は言った。「衆生に利益《りやく》を与えるためである。」

僧はさらに言った。「結局のところ何の役に立つのか。」と。

私はあとで、この問いの道理を考えたが（中略）ただひたすら座禅して（中略）心の道理を明らかにしたなら、そのあとは、一文字も知らなくても、人に教え示すのに使い尽くせないほどである（中略）と思って、その後は、語録などを読むことはやめ（以下略）

このように、真理を会得できる地としての中国は、仏教とそれにまつわる知識についての「先進国」であった。だからこそ、道元は「肩をならべようと思うなら、わが国の人よりも、中国やインドの先達高僧と比べて、自分の劣っている点を恥じるべき」と言っている。(6) また、道元が「仏道を学ぶには、まず第一に貧を学ばなくてはならない。（中略）大宋国でも、立派な僧と人にも知られた人は、皆貧しい人であった」(7) という言葉も、そうした点において中国の僧が一歩進んでいるとの感覚がにじみ出ている。

また、道元は、「中国の人より、かえってわが国の人は、わけもなく僧を供養し、分不相応に人に物を与えることがある」と述べているが[8]、ここにも、中国を先達と見る見方が見え隠れしている。

■大国中国

他方、道元は、中国を単に仏教教義を学ぶべき国としてのみ見ていたわけではない。一つの外国として、自然に日本と比較して中国をみていた。その場合、道元の心に映じていた中国は、何よりも先ず「大国」であった。現に、『随聞記』の冒頭に近い部分で、道元は、「大宋国の修行の道場では、世は末代であるとはいえ、仏道を学ぶ人は千万人もある」といい、「大国には立派な人も出てくるのである」と述べている[9]。

そして、大国は大国としての体面を重んずる。宋に滞在中、道元は、ある高僧から格別の地位（高僧の侍者という地位）を与えられるという申し出を受けた際、外国人である自分が大道場の高僧の侍者になるのは「大宋国に人物がないように見える」という批判をうけるおそれがあるとして、堅く辞退したが[10]、このエピソードは、中国が体面を重んずる国であるとの道元の認識の深さを示している。

なお、道元の中国観においては、日本と違う中国独自の風習に目をむけた観察という点はあまり目立たないようにおもわれる。わずかに、葬式の際に、公然と泣きあったり、泣くまねをする風習に言及している程度に止まっている[11]。これは、やはり、道元が、基本的には、中国を教場として見ていたことと連動していると考えられる。

■中国はいかなる教場か

このように、中国を一つの大きな教場と見る見方は、現代の日本人にとってはやや縁遠いもののように見える。しかし、中国から経済、技術援助をうける特定の開発途上国、あるいは、国家主導型の経済発展モデルを追求する国にとって、現代中国は、貴重な教場となり得るであろう。このことは、今後、日本が、開発途上国への経済、技術協力を行うにあたって、留意しておかなければならない点である。日本にとって、今や、むしろマイナス面の教場となりがちな中国も、他の国にとっては積極的意味をもつことも十分考えられる。従って、中国が多くの外国人留学生を受け入れるようになることは十分考えられ、そのとき、それらの留学生が中国から、どのような主義、思想、政策理念を自分の国へ持ち帰るかは、日本にとっても留意すべきことである。言いかえれば、日本が多くの新興国にとって、モデルとなる要素をどこまで持ち得るかということが、日中関係との関連でも考えねばならぬ状況もありうるのではあるまいか。

12 北条時宗と中国

北条時宗（一二五一―八四）にとって、中国は、片や宋であり、片や元であった。元は、いわゆる文永・

弘安の役（一二七四年・一二八一年）を通じて直接戦闘行為に及んだ、対決の相手であり、また宋は、仏教僧侶を通じて伝えられた禅宗思想の源であった。時宗の心には、中国に対する抽象的次元での親近感と、現実的次元での警戒感とが入り混じっていたと考えられる。

■未知の異国、脅威の国

時宗を中心とする鎌倉幕府、そして京都の朝廷にとって、中国（元）は、異国であり、得体の知れぬ脅威の源であった。そのことは、蒙古（ないし高麗）の使節の来訪あるいはその動きがすでに何回かあった後の一二六九年九月、高麗の使節がもたらした蒙古からの書簡に返答すべきか否かが朝廷で議論になった際、返書の草案として菅原長成が起草した文書に、「蒙古という名前は今まで聞いたこともなく、書簡もようやく初めて来た」と記されていることからも推定できるところである。[1]

その蒙古から、一二七一年、使節が来着、書簡を持ち来たり、そこには「蓋し聞く、王者は外なしと。高麗と朕とはすでに一家なり」と記され、日本は高麗と同様に礼を尽くせとし、「兵を用いるに至りては、誰か楽しみてなす所ならんか」と、軍事力の行使が仄めかされていた。[2]

「未知」がこうした「脅迫」と重なれば、中国は、日本にとって、脅威となることは必然だった。しかし、こうした脅威感は、時宗を初め日本の当時の指導者の一部の人々にとっては、蒙古がまったく「未知の国」ではなく、「不可解な国」であったために一層倍加したのではないかと考えられる。

蒙古の対日外交攻勢と日本の対応

文永の役以前

一二六六年八月　黒的、殷弘の両名、高麗の随行者とともに対馬沖に来航するも、高麗関係者の助言で引き返す。

一二六七年一月　高麗より潘阜、博多に来航。国書を提示。日本側返書送らず。

一二六九年二月　黒的、殷弘、潘阜など約七〇名の代表団、対馬に来着。先般の国書への返答を要求。日本側返答せず。代表団、対馬人二名を帯同帰国。

一二六九年九月　高麗人、先般の対馬人二名を帯同して来日。蒙古の長官級の人物の書簡を帯同（ただし原文不在）。日本側返事せず。

一二七一年九月　趙良弼来日。国書持参。日本側返書送らず。

一二七三年三月　趙良弼再度来日。都へ上ろうとして果たさず。帰国。

文永の役以降

一二七五年四月　杜世忠他室津に来着。九月鎌倉にて処刑さる[5]。

一二七九年六月　周福他博多に来着。同所にて処刑さる。

文永の役に溯ること七年前の一二六七年には、既に高麗を通じて、蒙古のことは、我が国に知られていた。[3] また、時宗は、父時頼が中国（宋）から招請した禅僧蘭渓道隆や一二六九年に来日した大休正念とも親交があり、そうした宋の関係者から中国大陸の情勢について若干の知識は得ていたと考えられるのである。

なお、当時の政権にとって、蒙古が不可解であった背後には、朝鮮半島において最後まで蒙古に抵抗した勢力、いわゆる三別抄からの書簡とみられるものが到来し、蒙古とも高麗ともつかぬ勢力からのこのような援軍要請は、蒙古をますます不可解な存在とみなす一因となったとしても不思議ではない。[4]

■征伐の対象

こうした蒙古の威圧的な対日外交攻勢に対して、時宗は国内の精神的引き締めを図るとともに、九州、瀬戸内などの海辺防備を固める措置をとり、その後、いわゆる文永の役において蒙古との戦争となったが、こうした経緯を通じて、蒙古は、単なる脅威の対象から、むしろ日本が積極的に征伐すべき対象となっていった。だからこそ、鎌倉幕府は、一二七五年、弘安の役の後蒙古から来日した使節を処刑し、また、その前後に高麗征討計画をたて、「異国征伐」という言葉が言わば合言葉化し、地方の豪族に異国征伐のための兵力、用具の準備を促す指令まで出す状況となった。[6]

ただし、ここで注意すべきは、直接の討伐の対象となったのは、高麗であったことである。ここには、中国と日本が敵対的になった際、直接日本の軍事的進攻の対象となるのは、まず、中国と同盟を結んだ朝鮮半島の国であるという、歴史的傾向が感じ取れるといえよう。

■国内の引き締めに活用出来る国

中国(元)が、脅威、そして、討伐の対象にまでなるにつれて、「中国の脅威」は、時宗の国内における権力基盤を強化する触媒となっていった。それには、時宗をとりまく厳しい国内政治情勢も多分に影響していた。第一に、時宗と政治的に対立しがちだった豪族名越家と時宗の兄時輔との連合勢力を時宗が殺戮した「二月騒動」に典型的に現れた幕府内の権力闘争があった。加えて、各地にはびこる「悪党」や海賊、そしてまた必ずしも幕府の権威に服さぬ非御家人の動き、さらには、日蓮に代表される新興宗教勢力の政治的活動などの渦中にあって、時宗は、非御家人の統制、寺社の監督、そして日蓮宗の抑圧等を実行し、国論と意識の統一を図る上で、「異国の脅威」を、いわば格好の口実として活用したのであった。

また、文永の役前後から、京都の朝廷は、各地の神社に異国降伏祈願を行わせる動きを示し、朝廷の権威をそれによって高めようとしたが、時宗は、軍事的防備強化の必要性を強調することによって、幕府の朝廷に対する政治力を高めるための触媒としても、「中国の脅威」を活用した面があった。

■宗教文化の源流

他方、時宗には、元に代表される中国とは違う、もう一つの中国があった。それは、南宋の禅宗を中心とする宗教文化の源としての中国であった。

先にも言及したとおり、時頼の時代以降、有名な蘭渓を始め、中国からの禅僧の来日があいつぎ、鎌倉に禅寺が建立され、十三世紀半ばからその後一世紀間に渡来した中国僧侶は、三〇名以上にのぼるという[7]。時頼は、禅僧の教導のもとに出家し、また時宗は禅僧を鎌倉五山の住持として招請した。

時宗は蘭渓に師事し、建長寺に保管されている時宗祈願文は、蘭渓が起草したものとされているが、そこには、「兵革の憂いを絶ち」、中国古代の理想的君主からも祝福されるような政治を行いたいという趣旨がこめられている[8]。時宗にとって、中国文化の伝統、とりわけ、儒教的伝統は、禅宗の教義とともに、身につけるべき道徳理念として深く心に刻まれていたといえよう。また、時宗は、白居易の詩文に合わせて、みずから漢詩を詠んだとされ、中国の詩文にも通じていた。

さらに、注目すべきは、文永の役と弘安の役との中間の時期に当たる一二七八年、蘭渓の死去に際して、時宗は蘭渓の弟子を中国へ派遣し、著名な禅僧を招請する文書を託したことである（また現に、無学祖元は、一二七九年に来日している）。こうした経緯は、日本と中国との軍事衝突にもかかわらず、中国との宗教、文化の交流は積極的に行おうとする時宗の態度を裏書きしている。いいかえれば、時宗にとって、心のなかの中国は、宋に代表される、伝統的漢文化の中国であったことを暗示している。
そして、このことは、時宗の敬愛した無学祖元が、中国温州の能仁寺に在住していたとき、踏み込んで来た蒙古兵に、つぎのように詩句を口ずさんで泰然自若としていた心情とも相通じるものがあったと言えよう。

乾坤無地卓孤節
喜得人空法亦空
珍重大元三尺剣
電光影裏斬春風

天地には竹杖を立てる地もない
喜ぶべきは、人もまた法も空である
三尺に及ぶ元の剣も
電光の影に春風を斬るのみ

■政経分離、政文分離の相手――二元論的アプローチ

こうした、元と宋との、いわば二元論的見地から中国を見る姿勢は、いいかえれば、対中関係において、政治、外交、軍事面の関係と、経済、文化、宗教面での関係を分離するという考えと連動しているといえる。そうした二元論的アプローチが、時宗に可能であった一つの理由は、元と日本との当時の交易関係とも連動している。すなわち、元と日本との関係が緊張している時期においても、日中間では金と銅銭の交易がおこなわれていた。

また、時宗の死後ではあるが、一二九九年、元は、日本にいわゆる招諭使として僧侶一山一寧を派遣し、日本側も、一旦は同人を伊豆に幽閉したものの、すぐ解放して建長寺の住持として迎えたのであった。このように、「二つの中国」は、時宗の心の内だけではなく、現実にも存在していたといえる。

他方、今日の時点から考えると、こうした二元論的思考あるいは方策は、政治と経済の分離、いわゆる政経分離政策ないし考え方と同列に見られやすい。

けれども、時宗（そしてもともと元朝そのもの）の二元論は、政治と経済との二元論というよりも、政治そのもの、経済活動そのものにおいての二面性であった。硬軟両用の対外政策や軍事行動の対象となっている国とも貿易は続けるという方針は、政経分離というよりも政治そのものに二面性をもたせていたためと考えるべきであろう。こうした二面性は、換言すれば、日中関係においてイデオロギーの問題と現実的あるいは戦略的考慮とをどうバランスさせるかという問題そのものの中に存在すると

いえよう。

13 『方丈記』と『徒然草』に見る中国

『平家物語』が（もとより異本が各種あるにせよ）ほぼ現存するかたちで出来上がったのが十三世紀中葉とすると、時代的にはそれとあい前後して『方丈記』（一二一二年）が書かれ、ついで『徒然草』（一三三一年前後）が書かれている。

『方丈記』は、鴨長明の回想録のごときものであり、そのせいもあって、中国の故事や文人への言及は、一ないし二カ所に止まっている。

『徒然草』においても、中国の歴史や人物への言及は比較的少なく、八カ所程度に過ぎない。『徒然草』では、多くの日本人の先例や逸話を引いて、教訓めいたことを書いた場所が多いにもかかわらず、『源氏』や『平家』あるいは『枕草子』のように、日本における特定の行為を合理化する一助に中国の例を引くといった例は、ほとんど見い出し難い。わずかに、「名聞利益のために心を支配されて（中略）苦しみ通すのはばかげたことである」と言うくだりで、「白氏文集にあるように」云々と中国の書物が引用されているにすぎない(1)。そして、戒めや道理を説く際には、日本の故事や逸話を基礎にして説かれており、中国の例が引かれてはいない。

感覚的な事柄、あるいは鑑賞眼と言った面でも、中国の詩文の引用によって、感情移入を強めたり、想像力を高めるといったことは行われていない。このことは、雪景色の鑑賞を記述した『枕草子』が、中国の詩歌を引用しているのに対して、『徒然草』では、次のように、日本の文学作品が引かれているところに典型的に現れている。(2)

「降れ降れこ雪、たんばのこ雪」という歌の意味は、米を(ついて)篩うときのように雪が降るから粉雪というのである。(中略)鳥羽天皇が御幼少のおんころ雪の降ったときにこう仰せられたというおん事を、讃岐典侍が日記に書いている。

■古い国、記録がある国、そして「他者」

けれども、その一方、『徒然草』でも、中国は、長い歴史を誇り、記録を残している国であるというイメージが記されている。(3)

中国の許由という人は身に着けたたくわえは何一つなく、水さえ手で飲んでいたのを見たので、人が瓢箪を与えたところ、ある時木の枝にかけておいたのが風に吹かれて音を立てるので騒々しいと言って捨てた。(中略)中国の人はこれをりっぱなことに思ったればこそ書き記して後生に伝えたのであろう。こんな人があっても日本でなら話にも伝えられまい。

この部分は、一見すると中国を礼讃し、中国に見習おうとする姿勢の現れのように見える。しかし、良く考えると、ここでは、中国の故事そのものを日本にあてはめて人の生きざまを説いているのではなく、記録にのこすことの重要性を説いており、その点で中国を模範としている。いいかえれば、中国文化なり文明の性格あるいは態様を普遍的価値の観点から客観的に見ているといえる。こうした態度は、中国をして、日本が学び取る相手というよりも、客観的に日本と比較し、もって日本の特徴を浮き彫りにする材料として用いる態度につながって行く。こうして中国は、日本を規定してゆく際の「他者」となっていったのである。たとえば、同じ『徒然草』で、「支那は呂の国である。律の音がない。日本は律だけの国で呂の音がない(4)」というくだりがあるが、ここでは、日本と中国は、文化の面で、いわば対等に、客観的に比較されており、日本らしさを定義する際の鏡が中国になっている。

そして、このように、中国の周辺国が、中国との比較において独自の固有の文化をもっていることへの意識の高まりは、日本のみならず、他の国に関するものであっても、見られることであった。廻《かい》忽《こつ》（または廻鶻）という「楽」について、「（かって）廻鶻国といって強い夷の国があった。その夷が漢に帰服してから来て、自分の国の楽を奏したのである」――そう『徒然草』は記している(5)。

ナショナリズム的傾向の萌芽

こうした意識は、ある種のナショナリズムとも結び付いた。中国文化の移入に無理をかさねることは愚かしいという、次のような意見にもつながった[6]。

唐の物は薬のほかはなくとも不自由はあるまい。書物にしたって、わが国に多くひろまっているから筆写することもできよう。唐船の困難な航海に、無用なものばかり積荷してどっさり持ちこんでくるのは、ばかばかしいことである。

この点では、さきにも引用した、『平家物語』の有名な医師問答における重盛の言葉[7]と比較してその類似性もさることながら、微妙な相違が興味深い。もとよりここには、当時都を支配していた感情、すなわち、異国に対する「けがれ」意識も影響していたと考えられるが、異国、とりわけ中国に頼ることに対するいわばナショナリスティックな拒否反応をかいま見ることができる。

こうした一種のナショナリズム的態度は、武士階級の台頭とともに、「詩歌音楽をもって国を治めることがだんだんおろそかになった[8]」ことにもよると考えられ、勢い、詩歌音楽文化の源であった中国の「権威」を振りかざす政治的必要性が減っていったことを暗示するものと言えよう。

しかし、同時に、当時の日本の知識人が、こうしたナショナリスティックな態度を越え、より広い人間性の観点にたって中国の人物や文物に接した証しもないわけではない。『方丈記』の次のくだりは、正にそうした高次元の国際感覚が育ちつつあったことを示している。[9]

法顕三蔵が印度に渡って故郷の扇を見ては悲しんだり、病気にかかると、支那の食物をほしがったりしたことを、あれほどの人物でありながらひどく女々しい態度を外国人に見せてしまったものだとある人が言ったのを、弘融僧都がまことに人情に富んだ三蔵であったなあと言ったのは、法師にも似合わしくないことをよくも言ったと感じ入った。

こうして、日本の中国観は、狭い意味での日中関係の次元を越える次元の観点からのものへと進んでいたといえよう。

■他者たる中国と日本のナショナリズム

ひるがえって、『方丈記』や『徒然草』は、日本にとって他者ともなり、それが故に日本ナショナリズムの触媒ともなりうる中国の役割を考えさせる一助となる。

そもそも、ナショナリズムの強化は、自己の再定義あるいは定義の深化、拡充の過程を経る。その過程は、通常、自己を映し出す鏡ともいえる「他者」との対比を伴う。ところが、この「他者」は、自己と著しく違う遠い他人であってはならない。なぜなら、そこには自己と類似した要素がほとんどなく、そのため自己を投影し難いからだ。

中国は、地理的歴史的そして文化的にも近く感じられるが、同時に、現代日本にとっていささか遠い存在でもある。こうした「境界性」が、中国を日本にとって格好の「他者」たらしめる。それだからこそ、中国は、とかく、日本のナショナリズム高揚の刺激剤となりやすい。

現在日本では、一方で、一見親中国的な日中連携論が、ナショナリストから聞こえるかと思えば、対中対抗論が、おなじように、ナショナリスト陣営から聞こえるのは、まさに、中国が「他者」機能を強くもっている証左ともいえよう。それだからこそ、「他者」たる中国をナショナリズム高揚の触媒として利用することには冷静、慎重でなければならないであろう。

14 『太平記』の中国

十四世紀の半ば、いわゆる南北朝時代に、南朝と北朝との争いを小説風に描いた『太平記』は、歴史的事件を次々と描いているだけに、中国の歴史書や詩文に描かれた故事来歴をしばしば引用しており、そこから『太平記』の中国像が浮かび上がる。

■遠き国、真理の国

こうして浮かび上がる中国像は、まず何よりも、「遠い国」であった。

この日本の中で兵をおこして北条殿を滅ぼそうなどとは、蟷螂《とうろう》の斧をふるうと言うものだ

「ぎょうさんに騒ぎ立てることはないさ。唐、天竺から攻めてきたとでもいうなら話は別だが、
」(1)

新田義貞の挙兵に対して、鎌倉側の当初の反応を、『太平記』はこう叙述しているが、ここで、唐、則ち中国は、天竺（インド）とともに、遠い、得体の知れない外国として扱われている。

この距離感は、同時に、中国は貴重なものが存在するところであるというイメージに繋がっていた。だからこそ、後醍醐天皇の皇姫藤原禧子《よし》の美しさを称えるのに「古の支那に美人としてその名を伝えられている毛嬙《もうしょう》や西施も恥じて顔を伏」す程と形容されている。(2)

このように、遠く、それだけにロマンの対象となりやすかった中国は、『太平記』の時代においても、やはり、道理の源泉、教えのもとでもあった。

例えば、藤原禧子《よし》の悲運な生涯を述べるのに、『太平記』は、次のように言う。

支那の詩人、白楽天が、

人生婦人の身となることなかれ
百年の苦楽他人による

と、歌ったのも道理であると思われる。(3)

また、新田義貞が見た夢をどう解釈すべきか、義貞の陣中で議論があったとき、諸葛孔明の最後にまつわる逸話を引用しているのも、中国の故事を以て、ことの是非を判断する基礎としようとする態度がにじみ出ている。こうした傾向は、中国においては普遍性のある真理が通用しており、それを理解することが、日本において道理をわきまえることになるという考え方の存在を暗示している。たとえば、「主君危しと見て生命を捨てるのは臣下の本分」という道理を説くのに漢の忠臣で高祖の身代わりとなって死んだ紀信の例をあげている。(4) また、「人の心の測りがたいことは、天よりも高く地よりも厚い」という真理を強調するに際して、玄宗と安禄山との関係を例としてあげている。(5)

このように、真理や道理を中国の歴史のなかの例に求めて教訓にしようという考え方は、中国が古い歴史をもち、かつそれをいろいろな形で後世に残しているからにほかならない。このことは、名馬を手にいれた天皇が、名馬の出現を夢の実現と同一視できるかどうかを、次のように自問していることにも現れている。

「昔の支那には、屈《くつ》の名馬や、項羽《こうう》の『騅《すい》』のように一日に千里を駆ける名馬があったそうじゃが、わが国では、いまだそのような天馬の現われたためしを聞かぬ。しかるに、朕《ちん》の代になってこの竜馬が現われたということは、いったい、吉兆であろうか、それとも凶兆であろうか？」(6)

■「想像空間」としての中国

けれども、中国における先例を引くことは、そこに教えや戒めを感得するためばかりではなかった。中国における「先例」は、権威をもっていただけに、知的に「教え」の源となるばかりでなく、悲惨な状況のモデルを提供したり、あるいは勇気を奮い立たせる源となるなど、感情を高揚させる触媒となった。いいかえれば、中国は、当時の日本の知識人の「想像空間」であり、そこでの過去の出来事は、日本における出来事と重なり合うことによって、感情移入が行われたのである。

たとえば、後醍醐天皇が、落人同然の姿で、楠木正成の居城めざして都をあとにする場面で、その悲惨なありさまは次のように形容されている。

急な場合で、網代《あじろ》の輿《こし》さえなかったので、そまつな莚《むしろ》ばりの輿に乗せられた天皇は、まず奈良の内山へ連れて行かれた。その有様は、殷《いん》の湯《とう》王が夏台《かだい》で囚《とら》われの身となり、越《えつ》王勾践《こうせん》が呉王夫《ふ》差《さ》に敗れて会稽《かいけい》山で降参したという支那の昔の物語そのままで、これを目に見、噂《うわさ》に聞いた人々は、一人として涙に袖を濡らさぬ者はなかった。(7)

また、光厳天皇の都落ちに同道する越後守仲時が、妻と別れを惜しむ情景は、項羽が、漢の高祖の軍に包囲され、四面楚歌となって、愛姫の虞美人と別れを惜しんだ故事と重なり合い、「支那の昔の悲しい物語を今にうつしたように思われて、その場に居合わせた六波羅武士も涙を誘われずにはいられなかった」と述べられている。(8)

こうして、中国の故事にまつわる想像空間が、日本の歴史上の出来事と重なって、感情移入が行われる結果、最後には、中国が、物語そのものの舞台となり、そこに、新たな物語が現出することになる。有名な「邯鄲」の物語がそれである。ここでは中国は、単に、物語の舞台となっている。

「邯鄲」の物語は、『太平記』の第三巻二八章にある。もともとは中国の古典『枕中記』に由来する物語とはいえ、主人公の運命の変転をながながとのべており、単なる中国の古典の引用をこえ、あたかも、一つの新しい物語を作り上げたかのような体裁になっている。すなわち、ここでは、中国の古典は、感情移入のための触媒ではなく、新しい物語の素材となっている。かくて、中国は、いってみれば映画のロケーションの場所のようなものとなっているのである。そして、このことは、『太平記』

の末尾の巻で、数頁にわたって中国の故事が長々と語られていることにも現れているといえよう(9)。

このように中国が、物語の読者の想像力を一層かきたたる触媒になることを越えて、中国自体が、物語の舞台になるという事は、中国が次第に日本人により近い存在になりつつあったことを意味すると同時に、中国の故事、古典が、知識人一般の共通の知的基盤として定着していたことを示している。

その結果、「中国」の姿は、物語や伝聞を通じて形成された、文学的な意味での想像空間の次元を越えて、日本人自身に都合の良い（あるいはかなり自由に変更可能な）虚構をはめこむ空間として登場してきていたといえる。そのことが、やがて、能楽において、しばしば、中国の故事とは直接関係なくとも中国が物語の舞台として設定されることに繋がってゆくのである。

現代では通信、運輸技術の発達によって、現実の中国が、即座に想像空間に侵入してくるため、中国を単なる「勝手な虚構のための空間」として設定し、そこで自由に物語を展開することは稀であるが、そのようなケースがある場合、そこにおける中国においてもその属性として何が残っているかは、日本人の中国観の根底によこたわる要素をみきわめるのに役立つという、逆説的見方もあり得よう。

15　足利義満にとっての中国

足利義満（一三五八—一四〇八）が、南北朝の争いを一応収拾し、また地方豪族の統制をもほぼ完成した時期は、丁度中国大陸における明朝の建国と大国化、そして朝鮮半島における李朝朝鮮の建国とほぼ重なっていた。

そうした国際情勢の下で、東アジアの交易も、海賊行為なども含めて増大しつつあった。また、宋朝時代以来の中国との禅僧の交流も続いていた。

義満はそうした「時代の流れ」を巧妙に利用し、また、その流れに巧く乗った治世を行った。そこでは、中国は、義満にとっていろいろな政治的、経済的、文化的意味を持っていた。

■公家階級に対抗する素材の源

元来は武家出身である足利義満にとって公家文化を身につけることは、統治の上で不可欠の条件だった。それは、単に、朝廷及びそれをとりまく公家に侮られないための知識と教養を身につけるためばかりではなく、北朝を戴く足利幕府と対立する南朝勢力に対抗するためでもあった。北朝の正当性を示すためには、朝廷のシンボルたる京都に政治の中心をおかねばならず、京都に本拠を置く以上、厭が応でも義満自身、公家文化を自らのものにせざるを得なかったからであった。

義満が、室町第や北山第など、自分の居所に見事な庭園を造築し、自ら笙を吹き、書画の名品を集め、連歌や漢詩を詠ったことは、義満の文化的教養の深さと広がりを示している。こうした義満にとって、中国は、書や漢詩が典型的に示しているように、正に文化と教養の源流だった。

しかし、義満にとって、中国文化は、必ずしも保守的なものとは映っていなかった。それは、一つには、直接の交流相手たる明朝が、新しい政権であったからでもあろうが、それだけではなく、明朝との交流は、内向きで保守的な公家階級の権威を打破する触媒にも用い得るとの思惑があったからである。

例えば、義満は、一四〇七年十月、明の使節を紅葉の宴に招待したが、その際義満は、明の装束を着け、唐人の担ぐ唐風の輿にのったと言われているが[1]、そうした行為は、既存の貴族階級に対し、新奇なもののシンボルとして異国中国の風俗を提示し、義満独自の権威を誇示しようとしたものといえよう。

義満は、また、禅宗を重んじたが、当時の禅宗は、南朝の勢力の強い南都の各宗派に比べれば、新奇な教義に満ちていた側面があり、武士階級と政権自体の新奇性を訴える触媒ともなった[2]。

■政権の正統性の認知を受ける相手

義満の時代は、南北朝の正統性争いのあった時代であり、また、義満の交流相手の明朝も蒙古にかわる漢民族の国家として政権の正統性には過敏であった。加えて、義満自身、論語を始め儒教思想の教養を身につけており、政治における正統性の問題には気を配っていたはずである。

こうした要因が重なって、義満としては、自己の地位、政権の正統性を内外に誇示するために、中国の「お墨付き」あるいは認知を重要視した。とりわけ、南朝側がしばしば明に使節を送っていただけに、中国から正式に日本の支配者として認知されることは、義満にとって極めて重要な点であった。また、当時、地方豪族のなかには直接明と交渉を持つものもいたことから、外交権を中央政府が完全に掌握する意味からも、中国との正式な関係の樹立は、義満にとって重要な意味をもっていた。

■交易相手としての中国

他方、正統性の認知といった政治的目的もさることながら、義満にとって中国は、貿易相手として重要であった。その一つの理由は、中国からの銅銭の輸入を通じて国内の貨幣経済の確立をはかるという目的があったからだった。

また、地方豪族の内には、所謂倭寇と陰で繋がって通商利益をあげようとするものがあり、そうした「海賊」的行為を明の協力のもとに取り締まることは、中央政府の利益になるばかりではなく、地方豪族を統制する観点からも望ましいことであった。

さらにまた、遣明船の利益は、年に二十万貫に及んだともいわれ(3)、明との交易は、義満個人の富の蓄積をも目的としていたと見られ、同時に、義満の文化的生活の素材を得る手段としても活用されたことは疑いない。

■世俗を超越した権威の源

義満は一三九五年、三十八歳の時に出家したが、それは、世俗の世界から超越した立場に立つという建前をしめすことによって、政治における義満の権威を逆に高めようとする意図に出るものであるとみることができる。

この点は、義満が、中国に送った国書において自らを「臣」と呼び、また明の年号を使ったこととも関連している。この義満のやりかたについて、『善隣国宝記』を始めとして、古来とかくの批判があるが、義満としては、大国中国の認知を受けることは、日本の通常の権威、権力の外のものの認知であり、いわば、（日本的）世俗を超越した権威をまとうという意味があった。それ故にこそ、そうした権威への「服従」は、義満本人にとっては、むしろ自己の個人的権威を高めるものと映っていたとしても不思議ではない。

こうした世俗的意義をこえた「権威」への服従は、現代においても、考えねばならぬ要素を含んでいる。

義満が中国の「権威」に服したのは、中国王朝の力に服したのではなく、中国、日本いずれをも越えたもので、両者を「超越した権威」に服したのであって、そうした「超越した権威」を体現した大国としての中国に服したものと解すれば、現代において中国が大国化し周囲に君臨した際、その中国が、「中国」を越えて、全人類的、超越的権威をまとうことができるか、またそれは日本も共有できる思想に基づく権威であるかが問題となろう。

しばしば、日本の首脳の米国訪問や中国訪問が、参勤交代をおこなう大名の幕府への服従行為と同一視されることがある。しかし、それが、米国あるいは中国そのものの力や権威への服従の象徴であるよりも、むしろ、日本と米国、あるいは日本と中国が共有する、世界的価値観を共有することの確認のための行為であるとすれば、国際責任を負担する大国への「参勤交代」は、単なる友好親善関係の増進を越えた深い意味のあるものと理解されねばならないであろう。

16 能のなかの中国

伝統的な能の曲目のなかには、夥しく中国の故事来歴が引用されている。また、白楽天はじめ多くの詩人の詩句が織り込まれている。言ってみれば、能の作者の想像力を広げ、また能の観客の想像力を高める触媒として中国の皇帝、豪傑、美女にまつわる逸話が利用されている。

このように能と中国とは切っても切れぬ関係にあるが、能の現行演目のうち、中国を物理的な意味で舞台としているものは、二〇曲程度である。(1)

これらの曲は、すべて中国を舞台としているといっても、故事来歴を基礎としており、現実の中国人と日本人との交流にまつわる逸話ないし物語をテーマとしたものとしては、『唐船』及び『白楽天』

をみる程度である。(2) 以下にまず、中国の故事来歴を引いた能における中国の描き方とその意味するところについて考察し、別途『唐船』と『白楽天』について論じることとしたい。

■想像空間としての中国

能にとって、中国は、何よりも、劇的な「物語」に富んだ国であった。いいかえれば、劇的な物語の登場人物のモデルを提供してくれる所であった。

モデルの一つは、勇ましい将軍や知略に富んだ高官あるいは忠義を尽くす部下であった。能「項羽」の主人公で、四面楚歌や虞美人草の逸話で名高い豪傑、項羽や、兵法を学ぶためには屈辱的行為もあえて行った前漢の高官、張良(能「張良」のワキ)などはその典型といえよう。また、能「鐘馗」では、五月人形で名高い鐘馗も、科挙の試験に象徴されているような、学識豊かでかつ忠実に皇帝に仕える意志をもつ人物のモデルとして描かれている。

もう一つのモデルは、美女である。中国の歴史上有名な美女は、美人のモデルとして、能に登場する。たとえば、前漢の孝武帝の寵姫、李夫人(能「花筐」)、項羽の愛姫、虞美人(能「項羽」)、夷狄の国に送られた官女、昭君(能「昭君」)、さらには、玄宗皇帝の寵愛を受けた楊貴妃(能「楊貴妃」)などが典型である。

しかし、能楽で中国がモデルになっているのは、豪傑や美女のような人物ばかりではない。劇的な社会現象の大きな影響を想起させるものとして中国の歴史上の事柄が、いわばモデルとして例にひかれる。たとえば、大火の災害の甚大さを説くのに、秦の咸陽宮が焼けた時の状況が例に引かれ（能「紅葉狩」、「安達原」など）、また、血みどろの激戦を形容するのに「血は涿鹿の河となって」という如く中国の故事が引かれている（たとえば、能「頼政」など）。

■広大、華麗、そして仙人の住処

このように、能の作品にいろいろな意味で「モデル」を提供している中国であるが、では、その裏側として、中国という国あるいは場所は、全体としてどのようなイメージをもって、能の作品に描かれているのであろうか。

能における中国、とりわけ国を象徴する宮殿について言えば、その第一のイメージは、極めて宏大であり、非常に華麗なことである。宮殿は「都の周り一万八千三百余里」「内裏は地より三里高く」とされるほどで、秦の始皇帝を暗殺せんと侵入した燕の国の勇者、秦舞陽も、宮殿の荘厳さに「身体わななな」く程だった（能「咸陽宮」）。また、その華麗さは、白銀の山、黄金の山が飾られている如くであった（能「邯鄲」）とされ、壮大さと華麗さが強調されている。

また、中国の国土の広大さは、同時に、中国が異民族を包含した帝国であることと結びついていた。このことは、胡国の王家に嫁ぐこととなった能「昭君」の物語や、中国の南端の少数民族の住む地域、広西壮族自治区の合浦を舞台とする能「合浦」に現れている。

加えて、能に現れた中国のイメージで特に注目されるのは、いくつもの能の曲で中国が、仙人の住む場所として描かれていることである。たとえば、能「西王母」や「東方朔」において仙郷、仙人、仙薬などの言葉がしばしば登場し、同時に、それぞれの曲の主人公が、仙人とされていることである。このことは、中国の高位高官や知識人が、ある種の隠遁生活を理想としていたことと連動している。陶淵明など三人の著名な詩人が合集う様子を描いた能「三笑」において、「日夜に酒を愛し。松菊を玩ぶ。菊を東籬の下に採って。南山を見る事も。君に忠ある故とかや」(クセの部分)と詠われていることにも現れている。

そして、こうした仙人の存在と連動して、中国は、仙薬の産地であり、不老長寿の薬をえられるところであるとのイメージが生まれるのであった(能「東方朔」「邯鄲」「菊慈童」など)。

こうした、仙人、仙薬等にまつわる中国のイメージは、道教と結びついており、道教のそうした側面は、日本と中国が、仏教や儒教以外の宗教的思想においても結ばれていたことのあかしといえる。また、たとえば、能「邯鄲」や「東方朔」では、仏教の帝釈天の居城とされる喜見城が、道教的な楽園のイメージと合体化したかたちで登場しているが、このことは、仏教と道教の教えが微妙に合体化していた中国の思想的伝統と日本のそれとが共通項をもっていたことを暗示している。

なお、能「張良」では、兵法の奥義を学ぼうとする張良の真剣さについて、奥義を伝授する側の黄石公が、何度も苛酷と思えるほどの試練を張良に課してその心根をテストするが、その有り様と秘伝伝授のやりかたについては、日本と中国との共通性が滲み出ている。

■道教文化

右にあげた道教の問題は、日中間の文化交流を論ずる上で留意すべき点を示している。それは、中国の思想文化のうち日本が吸収したものとして、とかく儒教と関連した知識、風習がその中心として論じられる傾向があるが、実は道教の影響も重要であるとの点である。特に、卑弥呼時代に溯らなくとも、室町時代の能楽に濃厚に道教文化の影響が反映されていることは、あらためて注目されねばならないであろう。儒教が、とかく権力者によって援用されがちであるのに比べ、道教が、反権力的色彩を帯びやすいとすれば、今後の日中文化交流において、道教的文化の交流をどう位置づけるかは、よく考えるべきことともいえるのではあるまいか。

17 能『白楽天』及び『唐船』と日中関係

■『白楽天』にみる日本と中国

能『白楽天』は、概略次のような筋書きである。

すなわち、唐の詩人白楽天が、「日本の知恵を計る」為に来日するが、白楽天と接した日本人漁夫は、楽天の訪日を既に知っており、楽天の誘いに応じて互いに周囲の風景について、詩を詠み（楽天）、歌を詠む（日本側）。日本人は、漁夫であれ誰であれ歌を詠むのだということに楽天は驚く。その上、神風が吹いて楽天一行の船は中国へ押し返されてしまう。[1]

この能は、日本から見た中国、あるいは中国から見た日本（それについての日本の見方）そして日中関係自体について、興味ある見方を提示している。

第一に、中国はとかく日本の学識、文学等の水準を軽視しがちであるという見方が暗示されている。このことは、白楽天が、「日本の知恵を計る」ことを目的としていたこと、すなわち、日本がどれほど学問や詩文等の上で優れているかを見極めるために訪日したことになっている点に現れている。

このことは、第二点と連動する。すなわち、中国は、日本の事についてよく知らないことである。このことは、そもそも白楽天が、「日本の知恵を計る」ために訪日したこと自体に暗示されているが、この曲の途中で、日本人が、「日本では歌を詠みて人の心を慰め候」というと、楽天が「そも歌とは如何に」と反問していることにも現れている。[2]

これに反して、日本側は中国について比較的よく知っているという事が、この曲には示唆されている。それは、白楽天に港で遭遇した漁夫が、「御身は唐の白楽天にてましますな」と言い、楽天が、どうしてそれがわかるのかと問うと、「日本の知恵を計らんとて。楽天来り給ふべきとの。聞えは普き日の本に」と答えていることに示されている。

また、この能のなかで、日本では知識人のみならず、貧しい漁夫ですら歌心を持っていることを楽天に知らしめているが、このことは、詩文や文学の面で、日本は決して中国に劣っていない、むしろ一般人の教養は高いと言う認識が滲み出ているといえる。

最後に、日本は、神国であり、中国がこれを制圧しようとしても無駄であると言う考え方が、本曲に登場する神風によって示されている。

『唐船』における中国観

能の『唐船』の筋書きはおよそ次の通りである。すなわち、日中間の争いで日本に抑留され、十三年間牧畜の手伝いをしてきた間に二人の子供を日本でもうけた中国人を、中国において来た二人の子供が訪ねて来る。中国人の親は、一時、日本の子供と中国の子供の間に挟まって苦悩するが、幸い日本側官憲の理解も得て、日本人の子供も連れて中国へ帰るという筋書きである(3)。

ここでは、何よりもまず、日本と中国は、海上で争っている間柄となっている。いわゆる倭寇の盛んな時代を反映して、中国は抗争相手であった。主人公が十三年間も、ある種の抑留状態におかれていたことは、このことを如実に示している。

そうしたことも影響して、中国は、野蛮な国(「心なき夷の国」)であり、親孝行と言った優しい気持ちをもつ人はいない国といったイメージが一般的であったことがこの曲から窺える。

また、金銭的手段によって抑留を解くことができるやもしれないと中国人の子供が自問自答していることは、倭寇といった海賊行為の裏に日中間の商売上のネットワークが出来ていた事が暗示されている。[4]

他方、最後に日本人の子供二人が無事中国へ中国人の親と共に行くことになったこと、またそもそも、中国人と日本人との間に親子関係ができたことなどは、国同士の緊張関係にもかかわらず、人的交流が両国間で行われていたこと、また、同じ人間としての付き合いが可能であることを訴えているといえる。「大和撫子の花だにも。同じ種とて唐土の唐紅に咲くものを」[5]と言う言葉は、まさに、この点を詠んでいると言えよう。

■個人の交流の意義

こうした二つの独特な能曲を考察してみると、室町時代のある時期、いわゆる倭寇に象徴されるような、必ずしも統制のとれた、望ましい形の往来、交流ではなかったにせよ、広い「交流」があったことがあらためて浮かび上がる。日中間で、このような、やや無秩序の接触が多くあった時代としては、例えば、一九二〇年代から三〇年代にかけての時代が想起されるが、その時代には、知識人の抽象的な中国像が、そうした現実のいささかどろどろした交流によって補強されたり、汚されたり、あるいは、感傷的色彩を加えられたりしていた。

単なる観光をこえて、日中間に、こうした、「どろどろとした」交流が広がる時代における日本人の中国像については、中国という国家と中国人という個人を峻別することが、通常より一層重要と考えられる。

18 秀吉にとっての中国

豊臣秀吉(一五三七―九八)は、中国に行ったことはなかったとしても、中国からの使節を接見し、中国の文物を愛で、また、なによりも、中国を「制覇」せんとの意図をもったほどであり、いろいろな意味で中国と深い係わりをもった人物であったといえる。

けれども、天下統一の道をひた走った秀吉にとって、中国は、日本国内における天下統一の先にある、より広い「天下」に属するものとして、ある意味では、みずからの権威の及ぶべき辺境であり、またある意味では、そこからみずからの権威の増大をひきだしうる源であった。

従って、秀吉にとって中国大陸は、ある側面では進出、制覇の対象であったが、ある側面では、権威の源泉であった。そしてその中間に、貿易通商の相手として、また政治的にも対等に近い関係を結び得るパートナーとしての中国という姿があった。

■日本の「辺境」としての中国

一五八六年、秀吉は、毛利（輝元）に宛てた指示（覚書）の中で、高麗への渡海に言及し、また、同じ年、大阪城で、ガスパール・コエリョと面談した際、朝鮮と支那の「征伐」に言及している[1]。この前後にいわゆる九州平定がほぼ完成しており、秀吉の脳裡において、自らの支配する「日本国」は、次第にふくれあがり、朝鮮、中国は、いわばその辺境として意識され出したといえる。そうした意識は、八〇年代初期において一旦印旛の亀井家に領地として認めた琉球を、後年、島津家に与えるにあたって、亀井家に対して、そのかわりに中国浙江省の土地を与えると約束したことにも、滲みでている[2]。

また、秀吉は、一五八七年の九州平定の前後、諸大名への指示のなかで、「唐、南蛮国までも仰付けらるべく（征服すべく）」云々の文言を用いているが、このことは、九州平定が視野に入るにつれて、秀吉にとってのフロンティアは海外へ向かっていたことを示している[3]。

■アジアの連帯と中国

このように、日本国内の統一が目の前に現実化するにつれて、秀吉にとってのフロンティアが拡大しつつあったということは、同時に、アジアあるいは東洋という意識が、知らず知らずのうちに秀吉のなかに生まれつつあったことを暗示している。

この点と関連して、秀吉の海外進出への意欲の表明は、ポルトガル、スペインなどの宣教師との接触とあい重なっていることに注意せねばならない。とりわけ、支那征服の意図を、秀吉は西洋の宣教師たるコエリョに表明していることは、西洋の植民地帝国主義の東洋進出の論理を日本と中国の間にも適用するとの暗示を含むものであったといえる。同時に、秀吉のアジアへの進出意欲は、西洋、とりわけキリスト教の影響への対抗という側面をもっていたことにも留意せねばならない。一五九一年七月、ポルトガルのインド総督に送った書状において秀吉は、西洋のキリスト教に対抗すべきものとして、日本、明、インドを含めたアジアの精神「神儒仏」をとりあげ、これらは元来同一のものであるという見解を記したのであった。

秀吉の歌と称されている

もろこしもかくやは涼し西の海の
波路ふき来るかぜにとはばや

という和歌も、秀吉が、中国を、アジアでの連帯の対象とみなしていたことを含意している。

■日本の権威の及ぶべき場所

これら全ては、秀吉にとって天下の概念がひろがり、同時にこの「天下」は、秀吉の権威が及ぶべき空間でなければならないという考え方が次第に定着していたことを意味している。

元来、成り上がり者の秀吉としては、自己の権力基盤が固まれば固まるほど、みずからの権威の確立に意を用いざるを得なかった。秀吉が、朝廷の位に執心したのも、その一環と見ることができる。また、秀吉が、九州出陣や小田原出征に当たって、きらびやかな服装をわざわざ纏ったのも、権威のシンボルをみせつける意味があったといえる。(4) 同じように、秀吉のいわゆる南蛮趣味なるもの（例えば南蛮服のコレクション）などもそうしたみずからの権威づけの道具であったといえよう。

そうした「権威」を秀吉は、日本本土のみならず、アジアとりわけ、中国大陸にまで及ぼそうとした。たとえば、一五八七年十月におこなわれた、北野の大茶会の高札には「から国の者までも、数奇心かけこれあらば、罷り出で来るべし(5)」と書かれてあったとされ、また、一五九三年ルソンの総督に秀吉が送った書簡には、自分秀吉は太陽を胸にこめて誕生した云々とのべ、自分は「東方より西方に至るまでの君たるべき人」であると記されていた。(6)

このように、秀吉にとって、権威の及ぶべき空間としての「天下」は広く朝鮮、中国、南蛮（東南アジアの一部）にまで広がっていた。しかし、そうした秀吉のアジア観を、秀吉個人の征服欲や大名支配の原理といった政治的戦略にのみに帰することはできない。それというのも、秀吉の時代は、ルソンとの貿易の活発化や、今日のベトナム中部のホイアンの日本人街遺跡に象徴されるように、日本人の海外発展の意欲が高かった時代であり、秀吉が、みずからの権威を海外にまで及ぼそうとしたことは、当時の日本社会の動向と連動していたことを忘れてはなるまい。

■通商相手としての中国

秀吉は、全国統一の過程で、畿内、瀬戸内海、そして九州全域に亘る貿易商人との連携を深めていった。そして、当時、とかくポルトガルを始めとするヨーロッパ商人に独占されがちだったアジアの各地域間の貿易に日本の商人をも従事させたいとする思惑は、当の商人たちのみならず、秀吉の意図でもあった。とりわけ、西国の地方大名、豪族が、ヨーロッパ勢力と提携して貿易の利益をあげようとする動きに対して、秀吉は敏感にならざるを得なかった。(7) また当時、ヨーロッパの船舶によって、日本人の奴隷取引がおこなわれていたことについて、秀吉も無関心ではありえなかった。(8)

これら全ての要因は、秀吉をして、中国大陸との貿易の重要性を深く認識せしめた。そのことは、日本と明との和議交渉において、日本側の条件に、最後まで、明との勘合貿易の再開という項目が入っていたことにも裏書きされているといえよう。

■中国の権威とその活用

秀吉にとって、中国は、貿易相手国であるのみならず、日本を統一した秀吉みずからの権威の及ぶべき対象であり、そのためには「征伐」もいとわぬと言う態度であったが、同時に、中国は、秀吉にとって、政治的権威の源泉の一つとして活用できる対象でもあった。いいかえれば、秀吉は、中国の持つ、ある種の権威には従順であり、中国の権威のマントをみずからも被ることを試みた。たとえば、一五九三年、秀吉が、朝鮮に送った文書において明国を大明国とよんだことも(9)そうした秀吉の心理を暗示している。

また、一五九六年九月、明使一行が大阪城での宴会に参席した際、秀吉は明の冠服を着用したといわれるが、これも、明の権威への敬意の表明と解することができる。

さらに、一五九二年平壌において明との和議の交渉にあたった景轍玄蘇が、（明側の記録ではあるが）和議成立の暁には日本は、明に従ってダッタンを共に打ち負かそうと示唆していることにも、秀吉及びその周辺の人物が持っていた、中国の権威に対するある種のおもねりが見て取れる。

また、いくつかの文書において(10)秀吉は、天皇の北京移住（実態は行幸）という案に言及しているが、これは、天皇に象徴される日本の「権威」を中国にまで及ぼすという意味合いをもつものであるとともに、中国の伝統的権威と天皇の権威とをだぶらせることによる効果をねらったものと解すれば、ここでも、中国の古来からの権威に秀吉が暗に敬意を表していたことがうかがえるのではあるまいか。

	16世紀		19世紀		20世紀	
西洋の進出	1557	ポルトガルのマカオ居住認可	1858 1862	英国のインド直接統治 仏のコーチシナ一部領有	1896	露清条約によるロシアの中国進出
日本の統一あるいは国際的立場の転換の節目	1560	桶狭間での織田信長の勝利	1868	明治維新	1902	日英同盟
日中の衝突	1592	秀吉の朝鮮出兵	1894	日清戦争開始	1937	日中戦争（盧溝橋事件）

■時代の子秀吉

以上を総合して見ると、秀吉にとって、中国は、貿易相手であるとともに、自らの権威を内外に示すためにその歴史的重みを借用すべき対象であり、さらにまた、その延長として、政治的、軍事的に進出したい場所であった。

けれども、そうした秀吉の中国に対する態度や思惑は、専ら秀吉個人の野心や感情の所産であったと見なすことはできない。

多くの歴史上の偉人と同じく、秀吉はなによりも「時代の子」であった。そして、秀吉の中国観も時代の反映であった。秀吉の中国進出意欲も、秀吉個人の野心とのみ言い切れない。そのことは、歴史上日本の中国への進出意欲の現れあるいはその端緒となった事柄を時代の流れのなかで比較することによって明らかとなる。

上の表に見る如く、日本の国内統一上の節目、あるいは、外交上の大きな節目から、ほぼ三〇年後に、中国進出への動き、あるいは、日中戦争が行われている。しかも、そうした動きが始まる直前には、常に西欧勢力の東洋進出の上で節目となる事が起こっているのである。

すなわち、秀吉の中国観と対中政策は、秀吉の登場が、西欧の東洋進出の節目、並びに日本の統一あるいは日本の国際的立場が変わる節目と重なっていたことによって規定されていたとも言えるのである。

19　徳川三代（家康、秀忠、家光）にとっての中国

秀吉の時代の日本と明との戦争の後遺症もあって、江戸時代初期の日本と中国との関係は、冷却したままであった。しかも、江戸時代の始めの時期は、丁度、中国における王朝交代の時期と重なった。この時期、徳川時代を築きあげた初期三代の将軍は、中国に対してどのような姿勢で臨んだのであろうか。

■貿易相手としての中国

十七世紀初期、たとえば、一六一二年、平戸へ入港した中国船は三〇、一六一四年には前半だけで六〇ないし七〇に及んだという[1]。これらの数字が示すように、江戸幕府開府（一六〇三年）直後から、日本と中国の貿易は盛んになる兆候が見え、しかも、中国大陸における明朝の遺臣の抵抗も手伝って、

日中間の貿易はややもすると「無頼の徒」によって行われる傾向が生じ、より統制のとれた交易を望む声がでてくるのも自然の勢いであった。そうした状況下で、家康（一五四三―一六一六）は、明との公式な貿易再開を試みた。たとえば、つとに一六〇〇年、家康は、薩摩の島津氏を通じて、明の将軍宛てに、日本に抑留されている明の兵士の送還問題や海賊取り締まり問題とあわせて、旧来の勘合貿易の再開を打診する書簡を送った。[2] このように、家康の時代においては、秀吉時代の日明抗争の直後だけに中国との政治外交関係の構築は難しく、中国は、なによりも貿易相手であった。

秀忠（一五七九―一六三二）の時代になった一六一九年、中国の地方長官から将軍にあてた書簡を中国の商人が持参するなどの動きがみられ、幕府も中国との貿易には引き続き大きな関心をよせていたが、徳川政権の正統性についての明朝の認知がはっきりしなかったこともあって、公式な貿易再開にまでは至らなかった。

■内部の紛争への不介入

十七世紀の半ばにさしかかると、中国は、徳川政権にとって、やっかいな存在となっていった。それは、明朝の残存勢力で、清朝に抵抗を継続している勢力から、軍事的援助を要請してきたからであった。たとえば、一六四五年、当時南海貿易を牛耳っていた鄭芝龍の配下、林高が日本に来訪し、三〇〇〇人の援兵と武器の供与を要請した。また、翌年には、同じく陳必勝ら二名の配下が将軍宛ての書箇をもって来日、援兵を要請した。[3]幕府は、（兵力派遣の可能性もふくめて検討はしたが）明白な返事をせずに時がたち、結局中国大陸への軍事的介入、政治的干渉には至らなかった。ここには、大陸への介入についての徳川政権の慎重な姿勢がうかがえる。いいかえれば、中国は、日本にとって、軽々しく政治的、軍事的介入を行うべき対象ではないという考えが徳川幕府の方針であったといえよう。

こうした慎重な態度は、そもそも、日本が中国へ進出する場合の経由地たる朝鮮の情勢が、不安定なものであった（一六二七年以降、朝鮮は、再三中国軍の侵入をうけていた）こと、また、日本国内での地方豪族、大名統制が完全には落ち着いていない状態での外国への介入は国内政治の安定のためにも好ましくないとの見方が強かったことなどが背景にあったと考えられる。

また、その後の徳川政権の態度を見ると、たとえば、吉宗（一六八四―一七五一）は、漢籍、とりわけ、法律関係の中国の書物の収集、研究に熱心であった（それは、吉宗が、明の法律制度の研究に力をいれていたせいとみられている）が、幕府の要人にとって、吸収あるいは参考にすべき中国の文物、制度は、漢民族のもの、すなわち当時においては主として明朝の遺産であったことが窺われる。[4]

そして、日本と清は、明治維新にいたるまで、中華秩序にもとづく正式な国交をも持たずに推移したが、このことが、近代において日本をして「脱亜入欧」に容易にふみきれた一つの要因となったといえよう。

■政権の安定度と日中関係

この点とも関連して、徳川時代初期の日中関係において、今日とりわけ教訓とすべきは、中国大陸に内戦あるいはそれに近い混乱が起こり、中国内部の一勢力から、日本に対して、援助あるいは干渉の要請があった際の対処の仕方である。

現在の日本において、日本が独自で直接軍事的介入を行うことは考えられないが、政治的、経済的支援はどうか、また、米軍が介入する場合、どこまでその行動を支持するのか、といった問題は、台湾問題ともからみ、きわめて微妙であろう。

徳川幕府が、明の遺臣関係者の要請に深入りしなかった理由の一つは、秀吉の大陸進出の傷痕が未だなまなましかったこともあろうが、幕府自体、国内の体制を堅固にすることを優先すべき状態にあったことが大きな理由であろう。

現代においても、時の政権基盤の安定度如何が、その政権の中国政策を決する大きな要因であることは当然とはいえ、やはりあらためて留意せねばならない点であろう。

20　江戸文学のなかの中国

江戸時代の文学作品の代表として、上田秋成の『雨月物語』(一七七六年)、井原西鶴の『好色一代男』

（一六八二年）及び『好色一代女』（一六八六年）そして歌舞伎あるいは文楽で上演される近松門左衛門の作品から『傾城反魂香』（一七〇八年初演）を選び、その中に描写された中国あるいは中国人像を見ることとしたい。なお、中国人が主人公となり、しかも日中関係上の事件がとりあげられている近松の『国姓爺合戦』（一七一五年初演）は、特異な作品として別個に扱うこととした。

■故事来歴、知識、学問の源

平安時代や室町時代と同じく、江戸時代の文学作品においても、中国は、まずもって、前例とすべき故事来歴の国であり、知識、学問の源泉であった。『雨月物語』の巻一において、主人公の一人の学者、丈部《にせべ》左門は、武士の心得として「武士たるものにとっては富貴栄達も、落魄孤独も問題ではありません」と語るがその際、魏王とその忠臣公叔座との間の逸話を引用して、「主君をさきにし、友情をあとに」することの重要性を説いている。(1)

また、同じく『雨月物語』の別の所で、漁師には学問はいらないと兄が弟を諭す際、「こむずかしい唐の字で書いた本など買い集める」ことは「世にも無駄なことだ」とのべられているが、(2)ここでも、漢字の書物こそが学問、知識の源であるとの考えが前提になっている。

加えて中国は、芸術の奥義を見習うべき相手でもあった。

『傾城反魂香』において、絵師の又平に対して師匠の将監は、「支那の国の王羲之、趙子昂が揮いし筆は、石を透し、木を穿ったと話に聞けど、この日の本の絵の道にはその例をきかず」と語るのである[3]。そして、近松は、別の箇所で、絵の道を習得するには六つの法があるとし、その一つは唐の画聖から学ぶことだというのである[4]。

■日本の自負と中国観の変化

しかしながら、『雨月物語』をよく読むと、そこには、中国への賛嘆や敬意と同時に、微妙な形ではあるが、より客観的あるいは突き放した中国観が滲み出ていることに気づく。『雨月物語』巻一に登場する西行（の霊）が崇徳院（の霊）に向かって言うせりふに次のようなくだりがある[5]。

唐土の書物は経典、歴史書、詩文に至るまで渡来せぬものはとてもありませぬに、かの孟子の書だけは日本に渡りませせぬ。（中略）他国の聖賢の教えも、わが国土にふさわしからぬこともすくなくありませぬ。

さらに、時には、中国人は「あさましい蛮人の心」を持つもので、現に愛欲邪念の業にひかれて、生きながら鬼になる例があるとして、大蛇や夜叉や蛾になった中国の女性の例をあげている[6]。

また、『雨月物語』では、『史記』が、巨万の富を積んだ人のことを集めて「貨殖伝」を書いているのは「賎しい」としており、さらに、「のちの世の学者たちが筆をそろえて誇るのは、深く物の道理を悟らない言葉です」というくだりでは、中国の古典と、それを批判する説の双方を紹介しながら自説を展開するという、客観的立場を貫いている。そして、こうした富貴の是非についての論議の末尾では、「富貴の道についての道理は仏教にのみその理がつくされていますが、儒教の教えはまるでなっていないと言われるかもしれません」と締めくくっている。(7) ここでは、中国思想の中心たる儒教批判まで登場している。

このように、江戸文学における中国は、日本との対比において必ずしも「教師」や先達のイメージばかりではなかったのである。

他方、主として庶民あるいは町民の生活を描いた西鶴の作品では、ほとんど中国の故事来歴の引用は見いだせないが、中国が言及されるときは、むしろ、日本の外の世界の代表あるいは海外という言葉のいわば代名詞として使われていることに気づかされる。たとえば、『好色一代女』の巻五で、「唐でも日本でも(男が女の)若いものを好くことに変わりはあるはずがない」と書かれているが、(8) ここでの唐とは、日本の外の外国といった軽い意味で使われている。言い換えれば、ここでは、中国は日本の外の世界の代表、あるいは単に外国という意味にほかならないのだった。

他方、中国のある種の故事来歴は、あまりにも日本国内で広く知られるようになった結果、ほぼ完全に「日本化」され、中国のものであるという意識がほとんどなくなってしまうという現象ないし例も存在した。たとえば西鶴の物語には、時として「比翼連理の恋心」といった表現が出てくるが[9]、ここでは、中国あるいはその詩文がかきたてる特定のイメージが想起されているわけではなく、日本古来の表現と同一化しているとみなしてよいであろう。

21 『国姓爺合戦』に見る中国と中国人

舞台を日本と中国双方にとった、近松のユニークな作品『国姓爺合戦』は、文楽、歌舞伎双方で演じられてきたが、ここには中国と中国人についての、この時代の見方が微妙に反映されている。

まず、物語の筋書きそのものが、明の遺臣で台湾に逃れ、日本の援助を得て明朝を復興せんとした鄭成功をモデルにしていること自体、中国大陸の内政に日本が関与することはとくに異例のことではないという見方を暗示している。

念のため、この作品の筋書きをのべればつぎの通りである。

明朝が、北方民族の鞭韃によって蹂躙されると、もともと帝の怒りに触れ娘を中国に残したまま日本に亡命していた明の高官、老一官（本名、鄭芝龍）は、日本人の婦人との間に生まれた子供（名前は和藤内、後の国姓爺）を母親共々連れて中国へ渡り、明朝の復興を図ることとなった。

老一官一行は、中国に残してきた娘（錦祥女）が、今や有力な将軍、五常軍甘輝の妻となっていることから、それを頼りに娘の住む獅子城へ向かう。

しかし、城には甘輝は不在で、そのため、夫の立場を考えた錦祥女は、楼門から絵姿をたよりに父親を確認しながらも、一行を城中に入れようとしない。

やがて甘輝が帰り、話を聞いて老一官の企てに賛同するが、共に韃靼に対抗する行動を起こすためには、義理の親子の情けにかられたということにはしたくないと、錦祥女を殺そうとするが、母親がそれを押し止めているうち、錦祥女は自害し、母親も後を追う。その赤い血が河に流れ、それを甘輝の同意が得られないという合図の紅色と解した和藤内は場内へ侵入する。かくて、甘輝も、韃靼攻略のために和藤内とともに立ち上がることとなり、和藤内は延平王国姓爺の名を得るのだった。(1)

■常識的中国像

この作品の中国像は、作品の主たる舞台が中国であるため、多くの日本人が当時描いていた常識的中国像を多く踏襲している。

たとえば、華麗な宮殿を誇り、外国から珍奇な朝貢品を受ける大国といった中国のイメージが描かれている。(2) また、中国が広大な国土を持ち、珍奇なものを産するところであるという点も、「虎の住む大藪」、「猩々の住んでいる所」などの表現や虎狩りの場面などにあらわれている。(3)

加えて、日本人と中国人双方が登場人物となっているだけに、日本と中国との文化的あるいは社会的違いをも、ところどころで滲ませている。たとえば、和藤内が中国人を家来にする際、日本人なみに月代《さかやき》に剃らせようとするその荒っぽさは、日本と違い中国風で、「頭は日本流で、髭は韃靼風、からだは唐人風」の有り様であったとされ、また、中国の城は、「まったく日本には見慣れぬ要害」となっている。(4) さらに、中国人側（中国の腰元）から見た日本人の描写でも、「なんと日本の女子を見たか。目も鼻も変わりはないが、おかしな髪の結い方、変わった衣装の作り方、（中略）裾も褄《つま》もチラチラ、パッと風でも吹いたなら、太股まで見えてしまいそうな。アアはずかしいことじゃないかいな(5)」と書かれている。また、中国の太子の言として、「ついぞ見かけぬ橋がかかっている。おそらくこれは国姓爺めが造った日本流の算盤橋、畳橋とかいう物じゃろう(6)」とのべられている。

さらに、こうした日中の違いは、思想面にも及び、「大明国は、（中略）孔子孟子の聖人が儒教を広めたもうたゆえ、五常五倫（注――仁、義、礼、智、信の五常と、親子、君臣、夫婦、長幼、朋友の序などの五倫理）の貴とい道は、今もって盛んである。（中略）日本には日本で、正直中常を称える神明の道がある」とされている。(7)

次に、『国姓爺合戦』がかなりドラマチックな題材の劇作であることも手伝ってか、そこから浮かび上がる中国像には、ある種の矛盾ないし裏と表との対比が見られる。一方で、中国は、伝統的な日本の中国観を反映して、詩文の国であり、ロマンを投影できる土地であった。たとえば、一旦は日本に逃れた梅檀皇女が唐へ戻るくだりで日本人の船人は「女の身で唐の国に渡るとは、さぞかし恋しい人でもいるのだろう」と言いながら、白楽天の「二千里故人の心」を引用するのである[8]。また、この梅檀皇女を形容するのに、「月の都の宮人の、胤《たね》がこの世に下りたよう、世にもまれなる美しさ[9]」とされているのは、中国の都のロマンチックなイメージの投影といってよいであろう。

その一方で、中国は権謀術策のうずまくところで、臣下も上役を裏切って敵に内通するのも稀ではなく、しかもそのやりかたが、迫真的であるとのイメージが、この歌舞伎作品には出ている。敵と実は内通しながら、表は忠誠を示すためあえて自らの目をくりぬくという極端な行動に出る李蹈天の存在は、こうしたドラマチックな行動を得意とする歌舞伎や文楽の筋書きのためとはいえ、そこに中国の王朝の権謀のドラマが二重映しになっている。

こうした矛盾は、一方で中国を敬意と憧憬の対象としながら、片方で、野蛮視することにも現れている。この点が微妙な形で現れているのはセックスに関連する描写である。

平戸の海女が、漂流同然に流れ着いた唐の船に乗った中国の女性を見て、「ありゃ絵によく見る唐の后じゃ。何か淫らなこととして流されたんでしょうよ[10]」というが、これを西鶴の『好色一代男』の次の一節[11]とあわせ読むと、中国人の好色ぶりについての「伝説」がひろく噂されていたとも考えられる。

唐人に出る女郎だけは別もの扱いの由。その好色さ驚くばかりで、女を人目にふれさすことを惜しみ、薬養生で腎を補いながら、昼夜飽くことなく枕を重ねるという話。

■日本は小国

日中関係を考える上において、この作品のなかでとりわけ注目される点は、中国の対日観についての（日本側の）見方である。一言で言えば、中国は日本を小国とみなし、いささか侮蔑視しているという見方である。

和藤内は、虎退治の際、虎の背をなぜながら「きさまらが小国じゃとて侮る日本人」の手並みをみせてくれようと叫ぶ(12)。また、李蹈天は、「ヤアヤア国姓爺、きさま日本などの小国から這い出して来て、この唐の地を踏み荒らし」とさけぶ(13)。

こうして、とかく日本は中国から小国と侮られるという見方が日本側に強まると、どうしても、日本側としては、日本の威勢のよいところを相手に示すという態度をとることになる。そこに、日本の武力や武道精神を中国に対して誇示せんとする意欲が高まる。国姓爺の次の言葉は、こうした日本側の心理をはからずも表明したものとも解せよう(14)。

以前竹林で従えた者たちを日本の髪形にさせて置いたが、こいつらをまっさきに立て、日本から援軍が来たと噂を飛ばせば、もとより日本人は弓矢に長じ、武道鍛練おこたりないことがよく知れ渡っているから、鞭靼兵たちは聞いただけでおじけづき。（以下略）。

■価値観の共有

他方、明朝の遺臣が日本に援軍を要請するということが、当時において全く不自然とは思われていないように、日本と中国との間には、ある種の共通の価値観が共有されているとの意識がみられる。たとえば、恥や面子についての意識や、情と義理あるいは忠義との関係である。

和藤内の母親は女ながら「あれは日本の継母が、ねたみ心からさせたのだと言われたなら、わが身の恥ばかりか日本国の恥となる」と叫ぶのと同じく、老一官が中国に残してきた娘の錦祥女は、「母上は日本国の恥を思われ、殺すまいとなさるけれど、自分の命を惜しんで親兄弟を助けなければ、唐の国の恥となる」と言う。ここでは、自らの恥と国の恥との関係について、また、何をもって恥と考えるかについて、日本と中国で共通の価値観が存在することが前提とされている。(15) また、現実の戦闘を碁盤の上の戦いに譬えて日中の仲間同士が互いに作戦を語り合う所などにも、双方の共通の風習が滲み出ている。(16)

加えて、国姓爺が奪いとった石頭城の付近の高地で、仙人風の翁たちが琴詩酒や囲碁にふける生活をしており、またそれを知った国姓爺が、自らを「仙術の道士の後裔」となのって敵を撹乱する場面では、老荘思想を日中共通の知識とする見方が顔を出している。(17)

■冷静な中国観

ここで、『国姓爺合戦』をもふくめ、江戸文学全般に見られる中国観を総括してみると、かなり冷静な中国観がうかびあがる。すなわち、中国をいたずらに美化することなく、また、夷狄視することもなく、適度に中国あるいは中国人批判もまじえながら、かなり客観的に中国を見る視点が定着しつつあったことが窺える。もとより、日本が侮られてはならぬという意識もちらほらはしていたが、それは、当時の中国が、いわば外の世界を代表するものと観念されていたため、自然なナショナリズムの発露であり、あながち対中国コンプレックスのせいであると極め付けることはできないであろう。むしろ、総合的にみれば、日本は、徳川時代において、既に、かなりの程度脱亜（脱中国）の準備が整いつつあったといえるのではなかろうか。

第Ⅱ部　近代日本における政治家、外交官、実業家たちの中国観

1 勝海舟の中国論

江戸時代の教養を身につけながらも、時代の流れに敏感であった、かつての幕臣勝海舟（一八二三―九九）は、明治時代になってから、いわば「外野」から日中関係の推移をみつめる立場にあった。そのこともあって、海舟は、今日から見れば冷静な中国論ないし中国観の持ち主であったといえる。

■日中連携論

海舟は、「支那五億の民衆は日本にとって最大の顧客」であり、「また支那は昔時から日本の師ではないか[1]」と言い、日中の連携を説いた。

しかし、その背後には、欧米の開国要求に対処してきた海舟らしい考え方が潜んでいた。それは、中国市場を欧米にとられてはならない、という考え方であった。それを、海舟は「欧米人が分からないうちに、日本は支那と組んで商業なり工業なり鉄道なりやるに限る」と表現した[2]。

同時に、海舟は、中国との連携に、相手も納得してくれると信じていた。

支那人頑愚なりといへども、公明なる道理と東洋の将来とを説くに誠意と信仰とをもってせば、あに一旦貫通して覚らざるところなしとせんや。[3]

そう、海舟は言う。

こうした考えを簡略かつ雄弁に表現したものこそ次のような、勝海舟自作の詩であったといえる。

隣国交兵日（隣国と兵火を交える日）
其戦更無名（その戦いは名分がない）
可憐鶏林肉（食い散らされる哀れなる鳥肉）
割以与、俄英（ロシアとイギリスに分割されて与えられる）[4]

ここには日清戦争（海舟のいうところの兄弟喧嘩）によって、中国の実態が世界に明らかになった結果、中国が欧米に侵食され、しかも日中の連携がすすまない状態にあることに対する勝の憤懣がみなぎっている。

因みに、日清戦争以前においては、日本の知識人のなかには、日中連携論を主張する者も少なくなかった。例えば、注目すべき論客として、中江兆民の『三酔人経綸問答』の三酔人の一人で、中江本人にもっとも近い考えの持ち主と見られる南海先生は、次のように日中連携を説いているのである。

所謂《いわゆる》大邦若《も》し果たして亜細亜《アジア》に在るときは、是《こ》れ宜《よろ》しく相共に結んで兄弟国と為《な》り、緩急相救うて、以《もっ》て各々《おの》自ら援《すく》う可《べ》きなり。妄《みだり》に干戈《かんか》を動かし、軽《かるがる》しく隣敵を挑し、無辜《むこ》の民をして命を弾丸に殞《おと》さしむるが如《ごと》きは、尤《もっと》も計に非《あら》ざるなり。若《も》し夫《そ》れ支那国の如《ごと》きは、其《そ》の風俗習尚《しゅうしょう》よりして言うも、其《そ》の文物品式よりして言うも、其《そ》の地勢よりして言うも、亜細亜《アジア》の小邦たる者は当《まさ》に之《これ》と好《よしみ》を敦《あつ》くし、交わりを固くし、務めて怨《うら》みを相嫁《か》すること無きことを求む可《べ》きなり。国家益々《ますます》土産《どさん》を増殖し、貨物を殷阜《いんぷ》にするに及んでは、支那国土の博大なる、人民の蕃庶《ばんしょ》なる、実に我の一大販路にして、混々《こん》尽くること無き利源なり。(5)

さらに、「南海先生」は、中国はとかく西欧諸国と組んで、日本を排斥しがちだとの意見に反論して、海舟とほぼ同じく、中国は信頼できるとし、中国に恨みを持つ者は、「実形」を見ずに「虚声」に耳を傾けるからだ、と言い切っている。(6)

このように、勝海舟の日中連携論は、日清戦争前あるいはその頃の知識人の意見として必ずしも異端のものではなかったのである。

■「大人」中国と中国人

海舟は、中国人の性格について、その大人ぶりを強調する。もとより、これは、以下引用する文章のように、直接的には、中国の高官、李鴻章の態度に関連しての観察であり、しかも、海舟の知人の「或る人」の言の引用ではあるが、その奥には、中国人一般に対する海舟彼自身の見方が潜んでいるように思われる。

私も初めのほどは格別とも覚えざりしが、かれが狂漢小山に狙撃さるや、痛しとも痒《かゆし》とも何とも感ぜざるものゝごとく、ちやんと自国の医者が侍し居りしにも係《かかわ》らず、いはゞ敵国の医者に療治を受け、その間一点の掛念《けねん》もなく一意信任して疑はざりしところなど、流石は李鴻章、どこに底のあるやらその深浅も酌みかねて、大いにその一個の英物たるに感じ、先生の眼光、空しく人を照さざるに感じ入りた(7)

それが証拠に、海舟は、右の文章に続いて、日清戦争における中国社会の態度について、次のように、その無関心ぶりに感じ入っており、そこに中国と中国人の、ある種の泰然自若、ないしは時勢に無関心あるいは無頓着な性格を見いだしている。

戦争でも同じことだ。世間では百戦百勝などと喜んで居れど、支那では何とも感じはしないのだ。そこになると、あの国はなか〳〵に大きなところがある。支那人は、天子が代らうが、戦争に負けやうが、殆んど馬耳東風で、はあ天子が代つたのか、はあ日本が勝つたのか、などいつて平気でゐる。風の吹いた程も感ぜぬ。感ぜぬも道理だ。一つの帝室が亡んで、他の帝室が代らうが、国が亡んで、他国の領分にならうが、一体の社会は、依然として旧態を存して居るのだからノー。(8)

これら全ての背後には、江戸時代から明治初期を生き抜いた勝海舟にとって、中国は侮り難い大国であり、日本はそのことを十分考慮せねばならないという考えがあった。そして、そうした考えないし意見には当時の日本における風潮に対する警鐘の思いが込められていたといえる。日清戦争の最中に語られたとされる言葉で、『勝海舟全集』では「さすがに支那は大国」と題されて紹介されている次の内容は、海舟の中国論の根底を明らかにしたものと言えるのではなかろうか。

支那は、流石に大国だ。その国民に一種気長く大きなところがあるのは、なか〳〵短気な日本人などは及ばないョ。たとへば、日清戦争の時分に、丁汝昌が、死に処して従容《しょうよう》迫らなかったことなどは、実に支那人の美風だ。

この美風は、万事の上に顕はれて居る。例の日清戦争の時にも、北洋艦隊は、全滅せられ、旅《りょ》順口《じゅんこう》や、威海衛《いかいえい》などの要害の地は、悉《ことごと》く日本人の手に落ちても、彼《か》の国民は一向平気で、少しも驚かなかったが、人はその無神経なのを笑ふけれども、大国民の気風は、かへってこの中に認められるのだ。(9)

そして、この海舟の言葉は、とかく中国について、日本という国家と対比しつつ、ナショナリズムの観点から論ずることの多い当時の日本の知識人に対する警告であった。

見方を変えて言えば、日本と中国を国家レヴェルで対比しては、近代化という命題を日本の使命として中国に投影するというアプローチ自体の滑稽さを、中国人の性格論のかたちで主張した人こそ海舟であったともいえよう。

こうして、勝海舟の中国観、中国人論を概観してみると、そこに、幕末から明治に至る間に起こった日本の開国に関する勝の考え方が潜んでいることが看取される。とりわけ、次節にのべる福沢諭吉（一八三五―一九〇二）の中国観と対比して、その意味を考えてみる必要がある。

福沢は、開国をもって、欧米文明の受け入れとし、それは、日本が長く浸っていた中国文明の否定の上になりたつとし、中国文明を古い、時代遅れのものとみなした。

勝は、文明開化をもとより是認しつつも、それが欧米の圧力のもとに行われたことを特に意識し、それだけに、開国の過程を主体的に考える必要を同時に意識し、開国は、日本の国際社会への参入にほかならないとし、その社会では、日本と中国の連携が望ましいことを説いたのであった。そしてその際、勝は、中国文明の特質のなかに、どちらかといえば、普遍的な価値を見いだしていた。

中国が近代化された大国として登場してくる時、はたして、勝と福沢のいずれの考え方が現代的意義を持つかは深く考えねばならない点であろう。

2　福沢諭吉と中国

福沢は、その著『文明論之概略』を通じて明らかにしているように、中国は政治的に独裁の国であり、しかも「至尊」（言わば権威）にもとづく地位が、「至強」の力（言わば、軍事的、政治的権力）と合体し、その結果、政治に柔軟性が欠けており、その社会はそれゆえに停滞して非文明的になっていると主張する。

こうした主張を、福沢は、秦の始皇帝の焚書から説き起こす。福沢は、「始皇帝が天下を統一して、書を焚いたのも、ただ孔孟の教えが憎かったからではない」とし、その真の理由は「みなが盛んに意見を言うこと自体が、自分の専制の邪魔になるからだ(1)」と説く。そこから、中国の独裁的政治体制が固まってきたのであり、そうした独裁制度の下では、「至尊」と「至強」が分離せず、それが、社会の硬直性につながったとみる。

そして福沢は、そうした中国政治の硬直性の根底に儒教思想の影響があるとする。例えば、文明開化の基本たる進歩の概念に関連して、福沢はつぎのように言う。

　『論語』では、「若い者は末恐ろしい。将来の人間がいまの人間に及ばないなどとどうして言えよう」（後生《こうせい》畏《おそ》るべし、焉《いずくん》ぞ来者《らいしゃ》の今に如《し》かざるを知らん）などと言っている。（中略）「若い者は末恐ろしい」というのは、「若い者が勉強すれば、あるいはいまの人間に追いつけるかもしれないから油断してはいけない」という意味である。そうとすれば、後の人間が勉強して到達すべき頂点とは、かろうじて現代に生きる人程度ということになる。[2]

そしてまた、儒教の害毒をつぎのように解説する。

　このように古を信じ慕って、まったく自分の工夫を加えることなく、いわゆる精神的奴隷となって、自分の精神をすべて古の道に捧げ、いまの世の中にあって古人の支配を受け、またその支配をいまの世の中に及ぼし、人間社会に停滞の要素をあまねく浸透させたのは、儒教の罪と言える。[3]

こうした考えのいわば終結点として、福沢は、中国を「世界に類なき頑固・守旧の腐敗国」とよび、[4] 日本はそうした中国文明から離れ、一路文明開化の道を歩まねばならない――まさに「脱亜入欧」の考え方と表裏一体となった中国観を福沢は持っていたのだった。

他方、こうした福沢の中国観の裏には、文明開化の道を歩む日本と守旧に固執する中国との対比を鮮明にせんとの意図がみられるが、そのさらに背後には、中国に対するある種の憤懣が渦巻いていたことも否定できない。事実、福沢は、日本を「倭」と呼びとかく「無礼千万なる言葉」を浴びせる中国の対日態度に対する憤懣を隠していない。[5]

総じて、福沢の中国観は、福沢が文明開化の渦中にあり、また、中国が、日本にとり、長年いわば先達ともいえる役割を果たして来ただけに、目の前の守旧的中国とその文明を否定したい気持ちが強かったといえよう。

3 岡倉天心の中国

■広大な中国と南北の違い

岡倉天心（一八六三―一九一三）は、中国旅行の直後の講演ないし談話で、中国の時間的、空間的広大さを天心らしい詩的な表現で、つぎのように言っている。

支那トイフ文字ノ下ニハ曠漠タル範囲ノ観念ト遼遠タル時代ノ意味ヲ伴ヒ来リ(1)

そして、こうした「広大さ」を天心は、大陸性と見做し、それがゆえに、中国は、(日本とくらべても)欧州大陸に近いという見方をしている。天心は、

日本で考へますと、支那は西洋とは大に違って居るといふ感じを皆持つやうでありますが、寧ろ日本よりも西洋に近い所のものがあるだらうと思はれます(2)

と言い、羊やヤギの放牧、テーブルと椅子の生活様式などを、その根拠の一つにあげている。また、中国の広大さは、その多様性にも通じていた。そこから、天心は、(統一的な)「支那は無い(3)」と言い、地方地方の特色の違いの大きさ、特に、北方中国と南方中国の大きな差異を強調する。気候、人々の体質や気質、そして政治の様態の違いにまで南北の差違があらわれているとする(4)。そして、北方中国は儒教文化が中心であり、南方中国は、老荘思想と道教文化であるとする。

天心は、儒教文化を以て、「壮大な共同主義(コミュニズム)の体系」であるとし、それが、文芸に及ぼしてきた影響について、音楽、文芸(詩)、絵画のそれぞれの領域に分けて、つぎのように述べ

る。(5)

音楽

人生における最高の規範は、個人の共同社会に対する自己犠牲であり、芸術も社会の倫理的行為に役立つという点で尊重された。特に注目すべきは、音楽が最高位におかれていたことで、その特殊な機能は人間同士、コミュニティ同士を調和させる所にあった。

詩

同じ様に、詩は政治的調和に貢献する手段と見なされた。王侯の任務は命令するのではなく暗示することにあり、臣下の目ざすべき所も、あらわに諫言するのではなく、さりげなく諷することにあり、その際、詩こそすぐれた手段と認められていた。

絵画

絵画でさえも、美徳の実践教育という点から重んぜられたのである。孔子は、その対話集ともいえる「孔子家語」のなかで、周公の霊廟に詣でた折のことを語り、壁に描かれた周公の像が、幼児の成公を腕に抱いた場面であったことを、古代の専制的な暴君たる桀や紂の画が、私的享楽にふける場面であるのと対照させて、それぞれの壁画に描き出された栄光と卑小さを論じている。

このように、儒教文化においては、文芸は、政治の一手段であるともいえるのであった。

他方、南方中国では、揚子江精神ともよばれるものが支配的であり、老子、荘子の思想の影響が強いと天心は考える。屈原に代表されるような南方の詩は「強烈な自然愛好と大河の崇拝をゆたかに含」んでいるとし、また、絵画においても、自由な魂の表現こそが重要とされているとし、その一つの証拠として、天心は、老荘思想と関連させながら、つぎのようなエピソードを紹介している。(6)

自由こそ物の本質と認めたのは荘子である。荘子の語っているものに、すぐれた画家に絵をかいてもらおうとした大貴族の話がある。その候補者が次々とやって来て、うやうやしく礼をして、お求めの画題と扱い方はとたずねる。この大貴族は、こうした一切、ことごとく気に入らない。ついに現れた一人の画家は、つかつかっと部屋にはいって来るや、衣服をぬぎすて、無作法な姿勢で座ると、筆と絵具を求めた。「これこそ、私の求める人物だ」と、その貴族はさらりと言い切った」、という。

そうした中国の多様性は、芸術分野のみならず、政治においても影響を及ぼした。日清戦争においても、清国内部の分裂が戦争に影響したと天心は解説し、欧州におけるオーストリアとハンガリー、あるいは、オーストリアとプロシャの間の分裂を例にひきながら、そうした分裂は、中国本土と満州の間にあり、また、（対日）交戦派は、中国北方に集中していたのに対して、「南方の人々はただ気乗りうすで、むしろ日本の成功を喜んでさえいたのである[7]」といった見方を提示している。

■儒教の自足性

中国における南北の差異を、文化の領域を越えて政治の分野にまで感じ取った天心の中国観の裏には、儒教に対する天心の見方が影響していたと考えられる。

天心は、南北間の相違をこえて、中国ではやはり、儒教が、歴史的に中国の政治体制を規定してきたものと見ていた。先述したように、儒教では「人生の最高の規範は、共同社会に対する個人の自己犠牲」であり、そうした社会は、本質的に自己内包的であり、自足自制を尊ぶ。そうした考えに傾いていた天心は、中国が日本の後押しを得て欧米に対抗するという、いわゆる「黄禍論」を、中国文明論の観点から批判して、次のように語るのであった。

誰が黄禍を口にするか？　中国が日本の援助でその大軍をヨーロッパに送るなどとは、黄禍を口にすることによって注意を他に外らそうという事情がなかったならば、あまりに馬鹿馬鹿しくて注意するにも値しないであろう。『黄禍』という言葉は、ドイツが山東の沿岸地帯を併有せんとしていた時、ドイツで始めて作られたものだということを知る人は一般には少ないと思う。それ故、ロシアが満州や朝鮮をその鉄腕で以てしめつけにかかったとき、忽ち彼らもまた黄禍の叫びをあげるならば、我々が疑いの念をいだくのは自然であろう。

月世界から見える地球上の充分な長さの唯一の建造物万里の長城は、そうした危険な可能性に抵抗する記念碑として立っている。山海関から敦煌関におよぶこの古代の防塁は、外国からの侵略に対する障壁として建造されたと同時に、中国が自らに科した領土的野心の限界を示したものである。築造いらい二十一世紀間を通じて、その城門を出て出撃したのは時おりでしかなく、しかも掠奪を事とする夷狄を追い払う目的のものにすぎなかった[8]。

要するに、天心は、中国は（道教的要素をもあわせ持ってはいるが）、政治面、社会面で、基本的には儒教思想の国であり、儒教思想は、それを対外的な意味でのアジア団結の核心思想にすえるには馴染まないとみていたといえよう。

■衰退、そして侵略の餌食

中国の歴史に洞察の目をむけていた天心は、中国における伝統の喪失を嘆いた。天心は、中国における兵乱による破壊と王朝交替による変動が、美術品や文化的伝統の継承を困難にしてきたと見た。「支那ニ於ケル公共的ノ製作物ヲ滅亡セシメタル（中略）原因ノ大ナルモノヲ挙グレバ第一兵乱ナリ」[9]と言い、また、王朝が交代すると「当代ノ精華ヲ示スヲ旨トシ前朝ノ巧妙ヲ遺スヲ好マス」[11]と言う。

こうした天心の中国観は、日本こそ中国文明を含めたアジアの伝統の真の継承者であることを訴えようとする天心の主張と連動していたとはいえ、天心の冷静な歴史観察の一環でもあった。

他方、そうした中国における伝統の喪失は、中国人だけの責任ではなかった。そこには、大量の西洋思想のなかに投げ出された東洋の国々の苦悶があった。そのことは、天心が、その著『日本の覚醒』のなかで、わざわざ「白禍」という章を設けていることに如実に反映されている。「白禍」の冒頭で、天心は、「多くの東洋民族にとって、西洋の到来は決して純粋な幸福ではなかった」といい、「アジアの苦しめる魂が、白禍の現実に泣き叫ばなかったであろうか」と問うている。しかし、黄禍論についての論述と同じく、天心はここから日本と中国の連帯を説くことはしなかった。なぜならば、「もはや、中国に生きた芸術があって我々の競争心を発奮させ、新たな精神にかりたてるということもない[11]」からであった。中国は、アジアの伝統を守りきるには力不足であり、そこに日本の役割が重要であるとの認識に繋がってゆくのであった。

■硬直性の問題

このように、天心は、中国文明の将来、あるいはその現代的意義に悲観的見方をしていたが、その一つの大きな理由は、中国においては、政治思想、とりわけ儒教が文化の各分野に浸透して、ある種の硬直性を生んでいると見ていたからと考えられる。

それに対して、日本は、東西文明の云わば融合なり共存に優れ、そこに、日本自身にとり、また西欧にとっても、日本の存在意義を見いだしていた。

こうした見方を現代の状況に移して考えてみると、共産主義的権威主義の強い中国において、文化活動にある種の硬直性があることは否定出来ず、その意味では、かっての天心の考え方は、今日の状況に別の意味で通ずるものがあるといえる。

他方、日本における東西文化の融合が、日本と世界に意味があることは、今日においても否定出来ないとしても、この融合は、厳密な意味での融合というよりも、ある種の共存、共生であり、自己のなかに異質のものが完全に同化されているかについては疑問がある。ところが、中国の場合、近代化の成功と大国化は、中国文明のなかに西欧的なものが、ほぼ完全に同化され、いわば、異質のものが中国化する状況を現出する可能性を秘めている。そのとき、中国は、その大きさとあいまって、文化の面でも世界的役割をになうかもしれず、そのことに十分留意すべきであろう。

4 内村鑑三の中国観

内村鑑三（一八六一―一九三〇）にとっても、ある意味では福沢諭吉と同じく、日本は、自ら文明開化の道を歩むとともに、近代文明をアジアに広める使命を持った国であった。このことは、日清戦争に関連して内村が書いた論説「日清戦争の目的如何[1]」に次のようなくだりがあることからも明らかである。

> 若し清朝にして、到底文明的政治を支那全土に施すを得ずんば、吾人は之を斃し、之に代ふるに人道と開明に基く新政府を以てするも可なり、吾人が閥族の横行を憎みて朝鮮国其物を庇保せしが如く、清朝の愚者を悪むと同時に、支那其物を憐まざるべからず、吾人は支那其物と戦ふにあらずして、其吾人の同胞を窘迫する、其文明の光輝を吾人の同胞に供せざる、其亜細亜的虐政の下に同胞四億人を永久の幽暗に置かんと欲する北京政府と戦ふなり。

そして内村は、これに続いて「然り、吾人は亜細亜の救主として、此の戦場に臨むものなり」と宣言するのであった。

こうした日本の役割は、単に日本が文明開化の道を進んでいるからだけではなく、中国が、日本の隣国として親密な関係を持ってきたからである。中国の独立と開明は、日本のため、そしてアジア全体のために必要であった。そのことを内村は、次のように表現する。[2]

　支那の興廃は東洋の安危に大関係あるは、吾人の言を要せずして明なり。東洋若し東洋として宇内に独歩せんと欲すれば、支那の独立は日本の独立と均しく必要なり。余輩は吾人目下の大敵たる支那人に就きて、斯く言ふことを甚だ好まざれども、支那人は吾人の隣人にして、吾人の彼に於けるは、欧米人に於けるよりも親且密なる事を吾人は須臾も忘るべからざるなり。支那の安危は吾人の安危にして、支那敗頽に帰して其禍の吾人に及ばざるはなし。支那を斃して而して後日本立つべしと信ずる人は、宇内の大勢に最も暗き者と称せざる可からず。東洋の平和は支那を起すより来る。

こうした内村の心情を余すところなく忠実に詠った歌がある。[3]

　さしのぼる朝日の本の光りより
　高麗もろこしも春をしるらん

このような考えの背後には、内村が、近代文明の核心を自由と開明の精神においていたことがあった。日清戦争は、中国を「覚醒する」ためのものであり、それが故に、「日清戦争は吾人に取りては実に義戦[4]」になるのであった。

言い換えれば、内村にとって、中国は、自由と開明の理念を植え付けられるべき国であり、その任務は日本によって果たされるとの考えであった。

しかしながら、日清戦争の結果、その戦後処理が略奪的なものになったことを見、そして、南阿戦争において、西洋文明の代表者たる英国が、自由と独立を蹂躙したのを観察して、内村は、西洋文明の欺瞞と日本の偽善を深く感じ、キリスト教の精神と西洋文明とを分離し、日本の使命は、キリスト教精神の伝搬にあるという考え方に転換していったのである。

内村は、現に、「日英同盟に関する所感」において「英国が同盟国として頼むに足らざる国であることは歴史上確定の事実と称しても宜い程である[5]」と言い、日清戦争に関しても、戦争一般についての意見のなかで次のように評価するのであった[6]。

戦争は戦争のために戦はれるのでありまして、平和のための戦争などゝは曽て一回もあつたことはありません、日清戦争は其名は東洋平和のためでありました、然るに此戦争は更らに大なる日露戦争を生みました、日露戦争もまた其名は東洋平和のためでありました、然し是れまた更らに更らに大なる東洋平和のための戦争を生むのであらふと思ひます、

そして、これに続いて、日清戦争の結果についても、「日清戦争の非なる説明は下関条約と三国干渉とであります」と結論づけている。そこには、もはや中国もアジアもなく、日本を含め世界が、真のキリスト教精神をとりもどすことへの祈りと使命感だけが残っていた。以後、内村は、ほとんど中国について言及することはなかったのであった。

■「文明」の偽善

こうして、内村は、通常の意味での文明開化にかける日本の使命を偽善とみなして、そこから身を引いたのであったが、そうした「偽善」を日本の中国大陸への進出に見いだしたことは、重要な意味を暗示している。

そもそも、西欧の文明開化や啓蒙主義が偽善を内包していることは、南阿戦争や日清戦争をまつまでもなく、アヘン戦争以来の西洋の中国進出や、インドの植民地化をみてもあきらかだったはずである。内村は、そこをいささか見過ごしていただけに、日清戦争を通じて日本みずからの中国に対する態度の偽善を一層深刻に感じたとも考えられる。言いかえれば、ここにおいて、中国は、日本の対外

政策の偽善を映しだす、格好の鏡だったのである。

今日、日米同盟において、戦略的利害の共有の影に、民主主義や自由、人権などの価値の共有をめぐって、若干の偽善が感じられるとすれば、そうした偽善が、台頭する中国という鏡のなかに映った日本の姿のなかに見いだされることもあり得よう。中国はその意味で、今でも日本自身の偽善を映し出す鏡となりうるのではあるまいか。

5 徳富蘇峰にとっての中国と中国人

明治から昭和にかけて、日本の論壇で大きな役割を演じた評論家、徳富蘇峰（一八六三―一九五七）の中国と中国人についての見方は、第二次大戦前の日本の多くの知識人の中国観を代表する側面と、また、蘇峰独自の見解に彩られたものだった。

蘇峰は、明治三十九年五月から八月にかけ、中国各地を巡遊し、また、一二年後、大正六年九月から十二月にかけ中国に旅行した。前者の旅行で蘇峰は、『七十八日遊記』を残し、また、後者の旅の後、『支那漫遊記』を書いている。以下この二つの紀行文を中心に徳富蘇峰の中国及び中国人観を見てみたい。

■文明大国への憧憬

中国は、長く日本にとって、手本とすべき、あるいは鑑とすべき大国であり、これにどう対応するかが、「日本精神」を形成する源となった――そう言った趣旨の考えを蘇峰はもっていた。

日本人は、文化的には支那に対して、大なる感激、大なる嘆美、而して大なる羨望、大なる憧憬を覚え、何事も遣れて之に模倣せん事を努めた。(1)

蘇峰は、言わばそうした考えの延長として、日本は、大国中国の傍らにあって、如何に自分の独自性を保つかを考え、日本一流の負けじ魂を持つようになり、それが日本の神国思想に繫がったという。(2)このような考え方の持ち主であった蘇峰は、明治、大正時代を生き抜いた多くの日本人と同じく、中国あるいは中国文化に対する、ある種の敬意と憧憬ないしはその残映を心に秘めていた。蘇峰が、『支那漫遊記』の随所で、中国の風物に接した感慨を、漢詩に託して記述していることは、このことを象徴している。そして、事実、蘇峰は、中国の古典や歴史を想起して、ロマンチックな心情を、折に触れ、現実の中国に投影した。たとえば、いわゆる三関の絶景を遊覧しながら、蘇峰は、「居庸関には、唐の高適以来、金、元、明、清の諸作家、何れも題詠甚だ多し(3)」と言いつつ、自分も「一詩なかる可けんや」と、七言絶句を詠んでいる。また、北京から京漢鉄道に乗り、車窓から小春日和の風景を眺めながら、「是れ劉玄徳の故郷」であることを思い出し、にわかに「作詩に耽りて睡魔を駆除」するばかり、ここでも七言絶句を詠っている。(4) 蘇峰は、『支那漫遊記』の随所で、中国の「不潔さ」を嘆いているが、(5) これも蘇峰のロマンチシズムを汚すものとしての「不潔」を、しらずしらずのうちに糾弾していたものとみることができる。

■文明中毒国

このように、中国は日本にとってある種の憧憬の対象であり、社会の「鑑」でもあったが故にこそ、文明開化の道をすすむ日本にとっては、そうした中国観自体を打破する必要があった。とりわけ、近代化の道を歩むことに逡巡し、社会的混迷を経験している当時の中国の姿を眼前に見て、蘇峰は、その原因を探求しつつ、中国の伝統文化、文明の再評価を行うのだった。そのとき、第一に、蘇峰の頭に浮かんできたことは、中国社会が、アヘン中毒のように、みずからの文明のとりことなっていることであった。これを、蘇峰は、文明中毒とよんだ。

蘇峰は、「支那人は、殆ど生ながらにして、蘇秦張儀の術数を遺伝し来れるものに似たり」とし、続いて「要するに支那人は、寧ろ文明に食傷したる人種也、支那は文明中毒国也」という。(6) いいかえれば、中国の悲劇は、みずからの、知巧と「文明」に溺れ、みずからの「策略」のとりこになっているところにあるというのであった。

ことを示唆している。

■空論と事大主義

「文明中毒」は、いってみれば、空理空論に走り、抽象概念をもてあそび、現実から遊離しがちなことを示唆している。

日本人は議論する場合に、動もすれば熱拳を揮ひ、支那人は戦争中にも、尚ほ議論を事とす。言論は、支那人の生活には、大部分を占む。要するに支那は、何よりも先づ言論の国也、文字の国也、若し露骨に云はゞ、空論国也。

文字言論の国柄として、支那人の辞令に巧妙なるは、先天的と云ふも可也。之と同時に其の饒舌なるは、亦是れ一種国民的性格の看なしとせず。(7)

このように、蘇峰は、中国を「空論国」と呼んだが、その裏には、中国人が、みずからの文化的伝統に縛られていることへの批判がこめられている。だからこそ、蘇峰は、別の場所で「支那人は本来、模型的人種也」と言って規則に束縛されている人たちであると論じている。(8) そして、蘇峰は、こうした中国人の性格から、対外的侵略に力をもって抵抗することを嫌う「文弱的国民」を育てることになったとする。(9)

また、中国人の「空理」、「空論」と関連して、蘇峰は、理想と現実との乖離についての中国人の考え方について、つぎのように述べている。

何人も理想と実際と、合一したるものなし。されど何人も、理想を追求せざるものなし。而かも支那に於ては、理想の世界と、実際の世界とは、別個の天地にして、実際が理想の如くならざればとて、毫も疚しき所無きのみならず。実際は実際、理想は理想、互ひに没交渉にして、唯だ一人にて此の両個の世界に住するものと、心得居る迄に過ぎず。彼等が煩悶なく、懊悩なきも、亦た当然也。是れ支那人が比較的、楽天人種たる所以也。[10]

また蘇峰は、「文明中毒」は、大きな文明への帰順をもってよしとする事大主義を生んでいるとして、欧米文明に対する中国人の傾倒ぶりを、中国人の日本への態度と比較して次のように論評している。

支那人は本来、事大主義者にして、欧米人を余りに多く買被り、日本人を余りに多く買落しつゝあり。乃ち今日と雖も支那人は、日本及び日本人を、十分に諒解せざるの憾なしとせず。併ながら支那人をして、日本及び日本人を、十二分に諒解せしめざるは、亦た日本人の怠慢、無頓著の責、与りて大に居ることを、記憶せざる可らず。[11]

■中国の同化力

他方、こうした文明の力に対する信仰にも似たこだわりは、中国の持つ、「同化力」とも連動している。その点については、蘇峰も、同化力という言葉をそのまま使って論評している。

蓋し支那人の外物を容るゝや、必らず之を支那化せずんば止まず。耶蘇教の一派たる景教の如き、将た回教の如き、何れも寺号を附し、恰も仏教中の一派の如き、形式を以て採用せられたる也。猶太教の如きは、道教の一派たるかの如き、形式を以て、存在したりし也。(12)

そして、蘇峰は、阿倍仲麻呂が、中国において朝衡という名前で通っていたことを例にあげながら、外国人が中国へ来ると中国名を名乗る例が多いことも、中国の同化力の現れだとしている。

■「弱い中国」の特質

蘇峰の論評には、相互にやや矛盾した点も見いだされるが、特徴的なことは、蘇峰のいう中国的性格が、蘇峰の論においては、「弱い中国」の体質と結び付けられていることである。いわば、彼の中国論は、中国の弱さの原因についての分析論ともいえる形相を呈している。

その第一に、中国人は国家観に乏しいという蘇峰の見方がある。

支那には家ありて、国なく、支那人には、孝ありて、忠なしとは、或る支那通の警句に候。今日に於て、支那人には国家的観念なきのみならず、従来とても国家的観念らしきものは、殆ど見出し兼候(13)。

こうした蘇峰の見方は、中国人には国家の動向には無頓着な人が多いという見方とつながっている。そして、中国の無頓着さは、孔子廟を保存しておきながら、その管理を疎かにしている有り様に集中的にあらわれているとして、明治時代の旅行においては、以下Aのごとく、また、大正時代の漫遊の際には、以下Bのごとく嘆いている。

A.

何れを見ても零落、荒廃の感は、免がれ不申候。支那人は、不思議なる人種に候。精々念を入れて作り候得共、愈よ作り上げたる後は、丸るで無頓着に候。而して其の無頓着さ加減の大胆なる、只管《ひたすら》呆れ入るの外無御座候(14)。

B．墓には秋艸枯れ果てゝ、満目凄涼、唯だ空しく『大成至聖文宣王墓』の墓碑の立つを見るのみ。孔子を以て、国教の主となしつゝある支那人が、孔子に対して、何等の神明的敬虔なく、英雄崇拝的熱情なきは、意外と云はん乎、意中と云はん乎。(15)

こうした、「無頓着さ」は、蘇峰においては、中国人の国家観とも結び付き、彼は、「支那に国家なし」と断ずるのである。そして、こうした事情が、中国を近代的意味の国家としてとりまとめてゆく上での困難を惹起しているという見方に傾いてゆく。

このように、かなり論理に無理があるとはいえ、中国の国家的統治能力の欠如を、蘇峰は中国人の国民性に帰している。その上で、蘇峰は、中国人は、辛抱強く、容易に断念しないが、力関係から「余儀なしと観念せしむれば、如何なる境遇にも、致さるるもの(16)」と述べて、中国に対しては力による対応しかないという結論を暗示するのである。

こうした蘇峰の中国観の今日的意味は、日中関係を結局のところ双方の国力の問題に還元し、かつ、国力の盛衰を国民性と連動させていることにあるといえよう（ただし、蘇峰も、中国人の国民性はきわめて複雑であり、これを軽々しく論ずることはできないと、みずからに自戒していることも忘れてはならないであろう）。

その場合、蘇峰の国民性論は、ほとんど中国の「弱さ」や衰退を説明する論議として用いられていた。

第二次大戦後ながらく、中国の経済力、軍事力が強大でない時代においても、中国の国民性についての論議は、文化評論としてはあっても、日本の対中政策との関連で言及される事はまれであった。その一つの理由は、中国の共産主義体制にあったといってもよい。共産主義は、中国の国民性論を後ろに追いやっていた。しかし、今や中国が、政治的にも大国となり、中国文化の国際的発信も活発になっている現在、依然表向きは共産主義を奉ずる中国について、その国民性論議が再び国際的に展開されるかいなかは、注目すべき点であろう。

6 幸徳秋水と中国革命

幸徳秋水（一八七一―一九一一）の生きた時代は、丁度中国（清朝）が、混迷の真っ只中にあり、革命の機運が高まっていた時期だった。

そして、秋水が、いわゆる大逆事件によって死刑に処せられたことが象徴しているように、日本自身が、文明開化と自由民権運動と軍事的進出の三つ巴のなかで必死に「明日」を模索していた時代であった。

■中国再生への信頼

秋水は、その生きた時代の反映もあって、清朝の腐敗と堕落には、敏感であった。彼の比較的初期の論説には、その点を強調する傾向もみられる。(1) しかし、秋水は、基本的には、中国の政治、外交力を高く評価し、次のように論じて、清国の前途に期待をもっていた。(2)

清人の外交に於ける、実に先天の長所たり、彼其れ春秋戦国以来、樽俎の間に折衝し、敵国に使して君命を辱しめざる等の事は、実に丈夫児の最大名誉、最大快心の事として、縦横の術、辞令の技、其巧妙を極むるに至れり、故に清代に在ても索額図のネルチンスク条約に於ける、曽紀沢の伊犁条約に於ける、其外交的手腕は実に驚歎すべき者ありき、但だ頻年彼等が屡ば列国と事を構へて屡ば窮地に陥るものは、是れ彼等が無学の弊に坐するのみ、彼等にして一たび倨傲尊大の迷夢より醒めて、西欧の情勢に通達し、今の所謂公法に習熟するに於ては、其手腕蓋し世界に比なからんとす、故に吾人は外交家としての清国の前途甚だ好望なることを信ず。

更に秋水は、中国において革命運動が盛んになるにつれて、明治四十一年一月、『高知新聞』紙上

で次のように論じた。(3)

眼を転じて支那を見よ、漢人は決して「瀕死の病人」に非ず、「眠れる獅子」は今正に醒めんとす、文明の輸入は一面国民的自覚を促がすと同時に、一面に於ては民主思想、権利思想、革命思想を養成して、中流子弟相率ゐて革命運動に投ずるの状、恰も一千八百六十年代の露国革命運動の初期に髣髴たるものあり（中略）斯くて支那が遠からずして、世界の革命史上に於る第二の露国たるべきは、少しく眼識ある者の決して疑はざる所也。

秋水は、こうした中国での革命運動が、アジア全体に広がることを期待し、「二十世紀の東洋は、実に革命の天地たらん」と語っていたという。(4)

■「愛国心」の排除と中国蔑視の解消

秋水の、世界革命への期待は、革命運動が国家の独立や民族の団結を目的とするようでは実現出来ないという主張と連動していた。すなわち、民族や国家に執着するという意味での愛国心を秋水は排斥した。秋水は、「帝国主義は、愛国主義を経（たていと）とし、いわゆる軍国主義を緯（よこいと）として織りあげた政策(5)」であると言い、狭量な民族主義が愛国心の名のもとで唱導されていることを批判した。

こうした秋水の愛国心批判は、当時、とかく中国人の愛国心欠如を指摘しがちだった日本人の中国観に、間接的ではあるが批判を投げかける意味をもっていた。日本における愛国心の強調――中国人の愛国心の欠如への批判――日本人の中国蔑視、と言う、ある種の悪循環の行き着くところを、秋水は次のように語っている(6)。

日本人の愛国心は、征清の役(日清戦争、一八九四～九五年)にいたって、史上かつてないほどの爆発をした。彼らが、中国人を侮蔑し、嫉視し、憎悪するありさまは、言葉で形容できるものではない。白髪の老人から、小さな子どもにいたるまで、ほとんど中国四億の生霊をころし、絶滅して、ようやく安心する、といった傾向があった。冷静に考えて見よ。むしろ、狂人のたぐいではないか。むしろ、餓虎の心に似ているのではないか。さよう、野獣のたぐいではないか。

したがって、秋水の愛国心批判は、一部の人々がいうような、秋水の民族革命の否定(あるいは社会主義革命の前段階としてのブルジョア革命の軽視)の証拠としての意味もさることながら、日中関係との関連では、むしろ、日本の大陸侵略の原点とそれにまつわる対中感情との関係を指摘したという点で意義のあるものといえる。

■米国帝国主義に対抗する日中連合

世界革命の導火線を中国に期待した秋水は、将来の日本のライヴァルは米国にほかならず、日米戦争の可能性に言及し、その延長線上の論理として、米国帝国主義に対抗する、日中共同行動を唱導した(7)。

思うに、今日の世界において、その土地の広大と自然の資源と資本の豊富な点で、アメリカに対抗できるのは、一つの中国しかない。ただかれにないのは、文明的な知識である。もしかれが、いったん文明的な知識によって指導され、政治的に覚醒し、経済的に活動しはじめるようになったら、その勢力は、はかり知ることのできないものがあるだろう。

(中略)

もし日本が、中国と相互に提携して、かれの欠如している文明的な知識でこれを指導し、その土地と人民と資源とを利用し、それでもって、太平洋上で自由に活動することができれば、ほぼアメリカに対抗ができるのではないか。

ここで、問題は、民族主義を排撃した秋水が、中国と日本という国家レヴェルの連合を強調し、中国民衆と日本国民との連合を明示的には説いていないのは、無政府主義に近かった秋水として、国家間の連合は、そもそも人民同士の連帯を前提としていたからなのか、あるいは、アジアの国の連帯という、民族的、人種的見方が、どこかで秋水の心にも潜在していたせいなのかは、必ずしも明確ではないように思われる。

このように、秋水の日中連携論は、国家と国家の戦略的連携論ではなく、さりとて国民同士の文化的親近感からの連帯でもなく、また、社会主義思想による人民同士の結束でもなかったと云わざるをえないが、あえて秋水の日中提携論の源を探せば、それは「西洋の東洋進出に痛めつけられているという日中両国の境遇に対する漠とした連帯意識」であったのではないかと考えられる。そこには、また、中国における文明開化運動が、(日本と違って)革命運動に結実するという一種の夢を、中国大陸に投影したという面もあったと考えられる。その意味で、中国は、秋水にとって、政治的、思想的「夢」の大陸でもあったのだ。

7 後藤新平と中国

児玉源太郎総督の右腕として日本の台湾施政に大きな役割を果たし、また南満州鉄道総裁として満鉄経営の基礎を築き、さらには、短期間ながら外相の地位にあった後藤新平(一八五七―一九二九)は、その人生において中国と深い係わりを持った。しかし、公的地位に長くあった者の常として、後藤が（日本の対台湾政策あるいは対中国政策について述べたもの、あるいは、書き記したものは多いものの）、中国に対する自らの個人的な感想や見方という意味での中国観を直接披瀝したものは、意外に少ないといってもよい。

しかしながら、後藤の「政策」論をよく読むと、その行間において、あるいは、間接的な形で、彼の個人的中国観ともいえるものが滲みでていると見られるものも稀ではない。そうした点を中心に、後藤の中国観及び中国人観を概観してみたい。

■台湾から見た中国

台湾に長く在住した後藤は、そこから中国全体を観察して、強く感じたことがあった。その一つは、中国の一地方である台湾の事情が、中国の中央にはよく知られていないということであった。一九〇〇年八月、後藤は、いわゆる厦門《アモイ》事件（台湾経営の安定のために、対岸の福建省に日本の拠点を設けるべく、軍隊を派遣しようとした事件）に関連して、外務大臣宛に意見を述べたが、その電文のなかで（台湾における「一外人の運動がここに到ったのは、結局この地の事情が中央に達しないことによる」と述べている。[1]いいかえれば、中国において、辺境地方は、「化外《けがい》の民」として、ある種の自治制度が容認され、その地方の慣習が存続してきたという見方である（もっともこの点については、台湾のそうした「化外の民」の状態をことさらに強調することによって、後藤は、日本の台湾統治の成果を強調したかったとする見方もあることに留意すべきであろう(2)。

他方、厦門事件の経緯などを観察すると、後藤は、台湾が経済的に中国大陸と切っても切れぬ状態になるにつれて、日本の台湾経営の安定のためには、対岸の中国大陸に日本の拠点ないし勢力圏をもつことが重要であるとの認識を抱くようになった。そして、そうした考えは、中国大陸への日本の進出を後藤が合理化する論拠の一つとなっていったという側面がある。その意味でも、(少なくともかなりの期間)後藤は、中国全体を、台湾というメガネを通して見ていたといえよう。

■中国近代化に向けての日本の使命

台湾在住時代のみならず、満州においても、中国に対する後藤の一貫した姿勢は、中国を近代化するための使命感であった。

一九〇〇年四月、後藤は、厦門に赴き、清国高官と面談の折、次のように述べている(3)。

日本の文明は、すなわち西洋諸国の粋を抜き、これを東洋の文物に応用したものでありまして、(中略)わが東洋の民度風俗において適切なので、貴国などは、わが制度を模倣されれば、いわゆる他力により、文明の効果を利用できるものでして、経済その他の例よりしても、至極適切でありましょう。

また同様の趣旨を、後藤は、後年（一九〇八年七月）袁世凱に対する覚書においても、次のように進言している。[4]

清国がその立憲制施行上、他の援助を求めるべきとすれば、遠くこれを欧米に求めても、その不利であることを知るべきである。

このように、後藤にとっては、中国は、日本に倣って近代化されるべき国であった。

他方、後藤は、中国の近代化について、日本だけではこれを背負って行けないこと（又そうすべきでもないこと）を、十分認識していた。そのことは、後藤が、日本の対支金融借款につき、早くも一九一九年四月の段階で、米国の有力者に対して、当時の日本のこの問題に関する態度に疑問を呈し、国際協調の必要性を語ったことにも現れていた。[5]

さらに、注目すべき点として、後藤は、列国の唱える中国保全論を偽善とみなし、同時に中国分割論を非現実的とみなしていた。この点、後藤は、次のように主張する。[6]

現在、東洋問題を口にする者は、往々にして、清国保全と言う。しかしながら六〇年来ただただこの老大国を削りとることは、実に世界の大勢である。借問《しゃくもん》する。列国のうちで、そのために大勢に圧力をかけ、保全を担任できるような余力と希望を有するものが、果たしてどこに存在しているのか。また清国分割と言う〔者もある〕。清国は世界第一の旧国である。清国人は世界最多の民族である。その歴史は、幾度か朝号を変えたけれども、その国家はいまだかつてその実質を失ったことがない。にわかに分割を説いても、究極的には空名にすぎない。

しからば、どうすればよいのか。後藤の答えは、中国をいわば、突き放し、中国が列強を巧妙にあやつって現状維持をはかることのないようにした上で、中国に忠告することしかない、という見方であった。こうした見方を、後藤は、「対清対列強策論稿本」のなかで、「わが国が世界の形勢によって清国を諭す」べきとし、それは「特に清国のためにするというだけではなく、また実にわが国立国自衛の切要な時務なのである」という形で披露している。(7)

■退廃しつつある清国

このように、中国近代化に対する日本の役割を強調した後藤の心底、あるいは、その裏側に、当時の清国の状態に関する後藤の認識があった。

一九〇七年に書いた長文の論稿の中で、後藤は次のように述べている。(8)

冷血で猜疑心旺盛な清国人は多く集まって頭を聳やかし、機会を捉えてはその独善不遜の私欲を逞しくしようと望んで、利権回収、排外自強の説が朝野をゆるがしている。

また、一九〇七年初頭、後藤が中央政府へ提出した覚書では、近々中国の排外主義は一層高まるであろうとし、また、ほぼ同じ頃、こうした中国の排外主義について、「弱小なる者のはかない反抗」とし「清国人は久しく自強を説いているけれども、一つも自強の実を得ていない」と断じている。(9)そうした退廃の結果、中国は今や列国の利権争いの争奪戦の場所となってしまっているというのが後藤の見方であった。

■中国人の国民性

当時の中国という「国」についての後藤の見方の影には、ちらちらと、中国「人」の国民性に関する見方がのぞいている。

一つに、後藤も当時の大多数の日本人の例と同じく、中国人が中国の固有の文明、文化を尊重する民族であり、古典の教えが今日においても、良しにつけ悪しきにつけ影響を与えていると見ていた。

だからこそ、後藤は、中国に関する事情や事件を説明するにあたって、中国の歴史や古典を引用した。たとえば、台湾に鞭杖による刑罰を施行する際、後藤は、「支那古来の断罪法であり、鞭も杖も、三千年来支那の司法官の最も有効とみなす刑具である」と説明し[10]、また台湾において土匪がはびこる情勢に関連して、「水滸伝の活劇」と評し、さらに、厦門事件に関連して中国高官に送った文書において日本軍の上陸作戦に関する噂について、「春秋の斎国の東辺の人々の言った仮説」のようなもの[11]としてこれを否定している。

このように、後藤は、中国人が自分の文化に誇りをもっていることを深く認識していただけに、同時にそれが、尊大さや名分重視、さらには肩書や面子の偏重につながることを認識していた。

こうした後藤の認識は、具体的には、台湾総督の官邸や総督の乗り物をできるだけ豪華なものとするとの方針や、満鉄総裁の地位を天皇の親任官職とするよう強く要求することなどに現れていた[12]。この点とも関連して、一九〇六年に書かれたとされる覚書で後藤は「清国由来名門を好む」と述べていることも[13]注目されるところである。

同時に後藤は、そうした中国人の誇りを尊重して、袁世凱との食事会に「支那服を着て出席」したり、満鉄沿線の地名についても日本式を避け、できるだけ中国式に命名するなどの措置をとった[14]。

総じて、後藤は、中国人がいたって現実主義的あるいは実利主義的であると認識していたと見られ、また、清国の衰退を観察して、その統治のやりかたの拙さもさることながら、およそ国家ないし政府がどうなっても、個々の人々はあたかも無関心のように見える中国人の気質をそこに感じ取っていたように思われる。

■対等な立場

このように、後藤は、中国に自ら滞在し、中国人と直接触れ合う機会も多かっただけに、中国国家の状況を中国国民の国民性に結び付けて考える傾向をもっていた。同時に、鋭敏な政治家として、後藤は、中国と日本を対等な立場におこうとする意識にたっていた。だからこそ、後藤の中国観、中国人論には、片や批判（たとえば中国の尊大さへの批判）もあれば、片や尊敬の念（例えば、中国の古い伝統と歴史からくる積威に対する敬意）もあった。

また、後藤は、日本の力の限界に敏感であり、同時に、伝統的には中国に比して「小国」である日本は、矜持をもって中国に接さねばならぬとの意識をもっていた。

中国が真の意味で、再び大国化している今日、日本が矜持をもつことの重要性を、後藤は暗示しているともいえよう。

8　宮崎滔天の内なる中国

宮崎滔天（一八七一―一九二二）というと、中国革命の志士を支援した人物として、あるいは、自由民権運動を推進し、その延長としてアジアの革命運動を後押しした人物として、あるいはまた、いささか夢想的なアジア主義のもとに行動した人物として、そうした角度から語られ、研究されることが多い。もとよりそうした観点は、滔天の中国観の考察に不可欠ではあるが、同時に、滔天の儒教観や、日本人の対中態度についての見方など、彼の心の内に潜む中国観とでもいえるものも重要であり、ここではそうした観点もあわせて、滔天の中国観を探って見ることとした。

■民権主義、反権力、アジア

滔天は、晩年にいたるまで自由民権論者であった。そのことは、反軍閥の立場を貫き、早くから普通選挙の実施を唱えていたことからもあきらかである。(1) また、滔天は、日本国民を信じて「我国民は世界無比の正直者」と言い、「何者にも食って掛る弾力ある国民」と見なしていた。(2) それがゆえに、滔天は、ときには「官軍や官吏や、総て官の字のつく人間は泥棒悪人の類」とまで形容する程だった。(3)

このように、滔天は、（幾人かの政治家と近い関係にあったものの）基本的には、反権力的思想の持ち主であり、そのためもあって、彼の思想を体現したような政治運動は、ややもすると革命運動に近い動きになりかねず、それを日本国内でくりひろげることは実際上困難であった。

折あたかも、中国情勢は混迷し、革命の気運が高まっていた。滔天が、みずからの思想と夢の実現を中国大陸にかけるようになったのは、ある意味では、彼の思想と当時の日本の現実とが作り出した自然の流れだった。

その流れを加速させたのは、世界情勢、あるいはそれについての滔天の見方であった。滔天は、一九一九年の手記で、世界を覆っている階級的な紛糾は、「単に生活難の為めのみ起れる」のではなく、「人類之権利に立脚せる社会改造の要求」のせいであるとした[4]。そして折から高まりつつあった中国における革命運動も、そうした世界的うねりの一つであるとみなしたのである。

したがって、滔天は、欧米植民地主義のアジア侵略に危機感を抱いていたのみならず、日本自身の植民地政策についても批判的であった。滔天はつぎのように言う。

顧みれば我が民族は余りに驕慢なりき、鳥なき里の蝙蝠にて東洋の同胞に無礼を働けり。若し因果応報なるものが天地自然の約束事とすれば、一たびは亡国の惨を嘗めさせらるべき運命を有す。是れ天の膺懲也、慈悲の鉄拳也。国民此の惨を嘗めて鮮民に対し、台民に対し、若しくは支那南洋印度の同種族に対して真誠の同情を喚起するを得ん。而して始めて人種問題を論ずるの資格を得ん、更に進一進して世界人類と手を握るを得ん。[5]

したがって、滔天は随所で、日本人が中国人を「ちゃんころ」呼ばわりしていることを嘆き、日本が国際連盟に提出した人種差別撤廃決議に関連して「今の日本が口走るべき問題にあらず」とし、「日本人ほど差別的なるもの何処に在りや」と説いたのである。[6]

■革命を実現すべき場所としての中国

こうした考えを持った滔天にとっての中国は、何よりも革命の実験場であり、その実現の場所であった。

もっともこれには、何といっても、孫文との出会いの影響も大きかった。孫文に遭遇して滔天は、「生きること即ち革命することと信じきっている人物に初めてであった」のであり、滔天と孫文の二人を「結びつけたものはまがうことなきこの精神の同質性」[7]であった。言って見れば、滔天にとっての中国は、孫文の革命運動の対象としての中国であった。しかし、ここで注意すべきは、滔天は、当時の中国について、清朝政府を中心とする政権を「民を愚にするを以て治世の要義」とするものとして批判する一方、中国人については「三代の治を以て政治的理想」とする考えをもち、「決して愚かな国民ではない」[8]として、中国人と一緒にやる心をもって人権回復の道をとれば、中国革命を成就することは可能であると考えていたことである。

■儒教道徳の国と野蛮な文明の犠牲

こうした滔天の楽観的ともいえる中国および中国人観の裏には、滔天が、中国の伝統思想たる儒教を旧態依然たる古い思想とはみなさず、むしろ、儒教的な理想の治世とされた古代の三代の治世は、人道、人権、民権が重視された時代であるとし、儒教的な聖賢の道は、自由民権と相通じると考えていた事が影響している。[9]儒教は、滔天にとって、捨て去るべき旧習ではなく、むしろ、人間性豊かな思想とみなされていたのである。だからこそ、滔天は、中国での立憲政治の樹立を説く論説において「支那の国体は聖人の道を基と為す」とし、いわゆる易世革命による政権交代を以て「民主主義の神髄を喝破したるもの」と断じている。[10]

したがって、中国が、混迷と混乱にあえいでいる大きな要因の一つは、内的要因もさることながら、日本もふくめた列強の中国侵略である、そして、そうであれば、たとえ暴力的な手段によっても、侵略と戦うことこそ支那革命の重要な特徴である、ということになるのであった。[11]

■中国の解放はアジアの解放

先にも若干言及したように、滔天の中国観の特徴の一つは、中国革命、すなわち、中国の解放をアジア、ひいては世界の解放とむすびつけたことであった。中国は、欧米列強の侵略の犠牲となっており、そこが革命により解放されれば、「印度興すべく」「安南振起すべく」「比律賓、埃及以て救ふべき」ことになるのであった[12]。

そして滔天は、さらに進んで、若し、中国革命に欧米が干渉すれば、それは、欧米社会の内部に社会革命を誘発するであろうとした。

支那革命に欧米諸国が干渉するとせんか。革命軍が既に一二省を陥れて、之を固守せず、弱勢の干渉軍は之を苦め、優勢の干渉軍には退きて内地に進み、曠日弥久の策を取りて敵を待たんか。欧米の天地に社会革命乱の勃発するは是時である。国家帝国主義と、社会革命、世界主義との決戦は是より起るのである[13]。

混乱と混迷の国、それにつけこむ日本

滔天が、アジアひいては世界の革命の原点を中国に求めた一つの理由は、まさに中国が、混乱と混迷の中にあり、革命を必要としていると見られたからに違いなかった。しかも、「康有為、計策破綻して逃鼠の事」という滔天自身の表現に見られるごとく[14]、中国の改革運動は、挫折をくりかえしたが故にこそ逆に、滔天の中国革命にかける情熱は燃え盛っていった。いいかえれば、中国の混乱と混迷

が深ければ深いほど、滔天は、中国を軽蔑したり、突き放すのではなく、むしろ逆に一体感を強めていった。

中国は、滔天にとって、「夢」を実現すべき場所であったが、同時に、いささか醜い日本の姿を映し出している鏡でもあった。

■滔天の夢

総じて、滔天の中国観は、秋水の中国観と共通するところがあり、中国を革命の地、あるいは革命の夢を実現できる場所とみなしていた。もとより、ここにも、近代化に先行する日本のある種の使命感が隠れていた事は否定できない。日本人こそ中国革命を実現する上で、大きな役割を演じることができるはずだという考えかたは、裏からみれば、中国侵略の論理ともなり得るものだった。そうならないためには、あくまで、中国の主体性を尊重する態度が必要であった。滔天は当然そこに気付いていたはずである。しかし、革命の先になにがあるのかというビジョンと夢まで、滔天が中国人と共有できていたとは思われない。滔天の夢は、滔天の夢でしかなかったのではあるまいか。滔天の回顧録が『三十三年の夢』と題されていることは、それを暗示していると言えよう。

9　実業家たちにとっての中国

■大倉喜八郎と西原亀三

明治、大正時代に、中国と深い係わりをもち、また、政治的にも大きな役割を演じた実業家として、大倉喜八郎（一八三七―一九二八）と西原亀三（一八七三―一九五四）の二人を選んでみると、この両者には、もとよりそれぞれ異なった対中観や対中態度が見られるものの、実業家として、ある種の共通の感覚や見方が存在するように見える。

通常、そうした共通点として、（主観的にはともかく客観的に見ると）これらの人々は、日本帝国主義の中国進出と侵略を促進した者であるということをあげる人が少なくない。たとえば、大倉と、満鉄総裁になった山本条太郎の二人を論じたもので、直接西原には言及してはいないが、明治、大正の実業家の中国観を論じた論文における次の文章は、そうした見方の典型であろう。

（これらの人々は）中国大陸せましとばかり積極果敢にその帝国主義的経済侵略の第一線にみずから挺身してやまなかった政商＝財閥資本の戦士たちであったともいえよう。(1)

こうした見方は、これらの人々をいわゆる死の商人とみる見方（「利益さえあがれば交戦当事者のいずれとも取引を行い、『死の商人』の面目をいかんなく発揮した」者）、あるいは「日本帝国主義への最大の『御奉公』[2]」を行った御用商人と見る見方にもつながる。

しかしながら、これらの人々が歴史において「客観的」に演じたそうした役割があったとしても、その裏には、各人それぞれの中国観や個人的見方が潜んでいたことも事実であり、ここでは、そうした個人的な中国観を概観したい。

■経済的リスクと政治的リスク

大倉、西原のいずれをとっても（特に西原の場合には顕著に言えることであるが）、たしかに政商とよばれるような、政治とのつながりがあったことは事実であるが、基本的には、彼らは「商人」であったことを忘れてはならないであろう。大倉が「政治上の事は知らぬけれども、吾々は商人として絶対に支那分割に反対する」と言った言葉[3]、あるいは、一九一九年末、中国を訪問し、徐世昌大総統に面会した際、日本と中国は「人力を以て如何ともすべからざる天然の友邦であります[4]」と言っていることは、表向きの発言であったにせよ、すくなくとも大倉が、基本的には商人的発想で中国を見ていたことを示している。

しからば、商人として中国を見るということは、より具体的にはどういう事だったのか。それは、基本的には、中国を商売上の市場として、あるいは資本の投資先として、あるいは原料資源の供給先として見ることに外ならなかった。とりわけ、大倉の場合、そうした見方は、西洋諸国が中国を大きな市場として考え、進出に熱心であることによって、それだけ深まっていた。そして、そのことは、畢竟、中国を、商売上の利益とリスクの観点からどう見るか、商売をやるにしても中国の現状を前にして政治的リスクをどう考えるか、そしてこうした政治、経済双方のリスク相互のからみ合いをどう判断するのか、の問題であった。

大倉を始めとして、当時の日本人実業家にとって、中国をめぐる政治的リスクには少なくとも三つの側面があったと考えられる。一つは、中国そのものの政治的混乱である。混乱を収拾するための方策として列強による中国分割を行うことは、第二の政治的リスク、即ち、強力な列強の前に日本が中国市場で政治的に、そしてその結果、経済的にも劣勢に立たされるリスク、の問題にぶつかる。加えて、第三に、日本自身のもつ政治的、外交的不安定というリスクがあった。

中国は、何といっても政治的リスクの大きい国であった。だからこそ「支那の事業は必要だの、投資すべしだのと、色々言ふ人は多いけれども、自ら出掛けて事業でも起さうと云ふ人は至って、尠《すくな》い」(5)のだった。

経済的リスクは、政治と密着することによって逆に軽減することもできる。また、『国家の為に損失しても宜しい』という態度をみせることにより軍や政府とのつながりを強化することの方が、全体としての利益が大きくなる」[6]という考え方に傾くこともあったはずだ。しかし、それよりも、大倉にとっては、中国はじめ外国と商売することによって日本の経済力を高めることは、日本国のためになるという、愛国的使命感があったことも否めない。このことは、次のようなエピソードからも窺い知ることができる。即ち、大倉は、英国訪問中、日本の公使が、英国の宮廷に参内するにあたって、華麗な馬車を使用していないのを目の当たりにして情けない気持ちになり、そのことを公使に直接語ると、当の公使から、それは、日本の国自体が国際的にはまだまだ強くないからそれ相応の出で立ちしかできないのであって、国を富ませ、強くすることに力を貸してほしい、との趣旨を言われ、「その心をもってやる」と決意した、と述べているのである。[7]

他方、大倉は、中国人については、かなり平均的というか、ある意味ではステレオタイプ化した中国人のイメージをもっていたように思われる。たとえば、中国の新聞が、大倉組の主催した園遊会の参列者が（実際は六、七百人であったのに）一万人に及んだと報道したことにふれ、「例の支那流で」と表現し、[8]ものごとを大袈裟に表現しがちなことを中国人の特徴とみなしている。また、「支那人」は「不老不死の仙薬を研究する」ので、八十三の高齢になった大倉にやたらと長寿の秘訣を尋ねる旨、いささか煩わしげに記している。[9]また、興味深い点として、大倉は、中国人が、古い中国の歴史を重要視する傾向にあることを認識しつつも、そうした歴史上の知識が、近代思想とは別個の次元で存続しつつづけていることに、ある種の驚きを感じていたようである。大倉は、中国の学者が秦の始皇帝の死去の年代が不明だといっていながら、中国歴史上、もっとも偉大な人物として始皇帝をあげていることに「慨然として歎じた」ほどだった。(10)

■西原と中国

西原は、日本と中国との経済連携をすすめることによって、政治的な関係を強化することができるという考え方を持っていた。西原はこうした考え方を朝鮮で実行に移したあと、中国についても同じような考え方で接した。北京政府と広東政府が対立する中で、あえて北京政府側に巨額の借款(いわゆる西原借款)を提供することによって、日本主導で中国経済の打開策を打ち出し、政治的にも日中連携を実現しようとした。

西原のこうした、日中経済連携構想の背後には、経済人としての彼の中国観があった。

第一に、中国は資源の豊かな国であるが、その開発は中国だけではできない、日本と協力して資源を活用することが、東洋全体を豊かにする道である、という考え方があった。(11)

そして、これと関連して、中国は、日本の投資先として重要だった。満州を除けば、全中国に対する日本の投資額は、ベルギーの投資額の一六分の一以下であることを西原は慨嘆して、対中国投資の必要を説いた。(12)

こうした西原の考え方と、性急とも型破りともいえる彼の行動の背後には、中国への西洋の進出と、それに日本は、遅れを取ってはならぬとする、西原の考え方があった。

欧米勢力を中国に導き入れるなどということは、東洋をまたしても欧米のきずなに結びつけるもので中国のためにも、ひいては日本のためにも不利であることはいうまでもなく、まるで東洋平和のぶちこわしである。(13)

そう西原は、豪語し、さらにすすんで、「亜細亜ハ亜細亜人ノ亜細亜」であるべきと唱えた。(14)

したがって、西原は、正に政商の名にふさわしく、経済が、政治に影響し、政治が経済に影響することを当然視していた。だからこそ、軍部や外交当局との軋轢も辞さなかった西原は、また、中国への内政干渉的行動を行うこともためらわなかった。その一方、西原は、在中国の日本人が、革命勢力を煽ったりすることが、中国人の対日感情を悪化させているとして(15)中国人同士の争いに日本人が関与することを控えるべきと主張した。(16)

こうした、西原の一見矛盾する対応をもって、中国における人民革命への無理解と片付けることは容易であるが、西原が、終始日中親善を唱えて、たびたび日本の当局とも軋轢をおこしていたことを考慮すると、西原の中国観は、基本的には、中国をあくまで経済的取引の相手として見るという立場から出たものといえよう。

■共存と連携の相手

ビジネスマンであった大倉も西原も、盛んに日中提携、共存を説いた。彼らの場合、そうした提携や共存は、政治的スローガンではなく、ビジネスの実態をふまえた主張であった。政治や外交がややもすると「国家」たる中国に注意を向けがちなのに対して、「商人」たちは、中国「人」への理解と親善に重きを置いたが、しかしそれも、ビジネス環境を維持するための方策の一環であったと言えるかもしれない。他方、西原が、第二次大戦中、戦争への協力に消極的であったことなどを考慮すると、ビジネスマンたちの対中観には、国家間の対立を、経済活動を通じた「人的」連携によってやわらげるという精神が常に隠れていたとみることもできよう。

■政治と経済

実業家の中国観という観点から、西原、大倉双方の中国観の根底にあるものを改めて総括的にまとめると、それは、中国をめぐる政治との距離感だったといえる。この場合、「政治」とは、日本国内の政治もあれば、中国の政治情勢もあった。

中国との取引や経済関係は、政治的リスクが伴うだけに、政治に近づき、政治を見極める必要があった。同時に、ビジネスチャンスを生かすには、政治と距離をおかねばならない面もあった。この政治との距離のバランスの取り方を模索する中で、二人の中国観が形成されていったのである。いわば、彼らの中国観の根底には、政経分離と政経不可分の思想の双方が横たわっていたといえよう。

10 大隈重信の中国観

いわゆる不平等条約改正交渉に外相として大きな役割を演じ、また首相としては、対華二一ヶ条要求を推進した大隈重信（一八三八―一九二二）の中国観は、ある意味では、明治から大正にかけての日本の政治家の中国観を代表するがごときものであった。

それはほぼ四つの要素から成り立っていたといえる。一つは、江戸から明治にかけて日本の知識人の多くが抱いていた、中国の伝統的文化ないし文明の普遍性への信頼である。しかし、それだけに、第二に、近代化しつつある日本と比較し、中国は依然として伝統にしがみついているという見方である。そして第三に、そうした中国をして近代化の道を歩ませるために役割を果たし得る国こそ日本であるという考えであり、その上に、第四として、中国革命は簡単には成就し難いという見方であった。

■歴史的真理についての教訓の基としての中国

大隈は、多くの明治の知識人と同じく、歴史の教訓を中国の歴史のなかに見出していた。いわば、大隈の教養の大きな部分は、中国の故事や先例であった。

例えば大隈は、晩年の山県有朋の影響力を論ずるにあたって、「死せる孔明生ける仲達を走らす」という故事を、その由来とともに、引用している[1]。また、敵の兵器を以て敵を打つことにより、異なる文明間の競争に勝つという論点を説明するのに、孫子の兵法を引き合いに出している[2]。

このように中国の故事に通じていた大隈は、また、日本の伝統的風習は中国と同じであるとして、両国は同文同種の間柄であるとした。例えば、大隈は妾の子供を庶子と呼ぶのは、衆の子供であるとの意味であるとして、中国と日本との風習の背後にある考え方の同一性を指摘している[3]。

■近代化を巡る日本と中国の差異

大隈によれば、中国は、歴史的には一大文明国であり、周辺の国あるいは民族は、たとえ中国を征服しても、中国文明に同化され、中国はそうして四〇〇〇年にわたって国家として存立し続けた。ところが、現在、中国より高度の文明が外から迫ってくると、中国は滅亡しかねない。なぜならば、中国は文明国として存続するための国家的要件たる、政治能力、犠牲の精神および財政力がないからである[4]。

とりわけ、大隈は、近代国家の基本としての租税問題について、中国が古来の風習にそまったままであることを、次のように慨嘆した。

支那に於ける税の費途如何《いかん》というに、王者はこれを以て土木を興し、宮殿を営み、奢侈《しゃし》を尽せば、その身辺を囲繞《いじょう》する官僚はまたこれを以て土地を買い、貨殖を謀り、子孫のために身後の計をする。そのために税といえば、ただ権力者の鴟梟《しきょう》の欲に供するものという以外に、なんらの意味なき事となった。これが支那の古今を貫く積弊《せきへい》である。(5)

つまり、中国は近代的意味においては文明国とは言い難いという考え方である。

■中国を導く国、日本

そうした国が、隣国として、また、歴史的に深い関係をもつ国として存在することは、近代化の道を歩もうとしている日本にとって望ましくない。大隈はそのことを次のように表現している。

支那の様なああいう大国は、騒がすと蜂の巣のようなもので面倒だ。そっとして世話をしておく。そうして支那を誘導して開発するということが必要である(6)――

このように、「支那を誘導」すべき国こそ、日本であった。支那には政治の能力が欠けており、その改良を「誘導するのが日本の天職である」、そしてそれは「ある意味からいえば」日本の「支那に対する報恩である」と大隈は言う[7]。

この点に関連して、大隈も、そうした日本の役割が実は中国侵略の裏返しではないかという批判のありうることを意識していた。大隈は、「侵略的の議論を唱導して支那人をして嫉妬猜疑を起こさしむるは最も不都合である」とし、「日本の政治家、学者たるものはこの際言動の上に於いても、行為の上に於いてもよほど気を付けねばならぬ」と戒めた[8]。

■革命の前途と中国人の国民性

他方、大隈は、中国革命の前途については悲観的であった。大隈は、「今度の革命は出来損ねたり」と言い、「支那の現状はもはや如何ともするなく、如何なる智者も識者もこれを能く救うものはあるまい」と判断した[9]。

そして大隈は、そのような見方の、いわば根拠ともいえる説明として、中国人の性格論ないし国民性論を展開する。

支那人は何としても国家的に団結して、共同の利益のために、いわゆる政治的に国家的に己《おのれ》を捨て、国に尽すという精神が一番欠乏している。今日の世界に於ては結合の固いものが一層優勢であるし、これに反して、結合の弱いものが劣等の地位におち込む。それで支那人の個人性は発達しているが、これに伴う弊《へい》はまた決して尠《すく》なからず。まずその卑近《ひきん》なる快楽主義と、大それたる利己一天張りに陥るというが如きは見逃すべからざる弊だ。支那の官人には奉公の赤誠が尠ない。彼等はただ単に自己一身の栄誉聞達《ぶんたつ》を欲している。元来儒教の精神はかくの如き積弊を矯《た》むる事に心を尽したのであるが、その精神もついに未だ実現されずにいる(10)。

また、大隈は、中国における南北の差異の大きなことが安定を拒む要因であるとの見方も同時に示している(11)。

このように、大隈は、片方で中国に敬意を表し、また、日中親善と協力を強調したが、同時に、中国が独力で近代化を成功させることができるかについては懐疑的であった。その裏には、日本が過去の伝統をかなぐりすてたのに対して、中国はそれにしがみついているとの認識があった。

もとより大隈も、伝統文化、たとえば古典音楽が、中国においてのみならず、日本においても凋落していることを嘆き、「刮目一番潜思すべきである(12)」と日中両国に等しく警告を発しながらも、基本的には、政治、経済分野における日本の近代化と中国のそれとを比較して、日本の先進性とそれにともなう日本の責任という観点から中国を見ていたのであった。

■文明論と国民性論の溝

そして、大隈のそうした中国観の根底にあったものとして留意すべきは、やはり、「中国は、みずからの文明の偉大さにしがみついている」という見方である。そこには、中華文明に対する敬意と、その裏をなす、中華意識のもつ欠陥という感覚の双方が併存していた。問題は、こうした、ある種の文明論が、中国人の国民性論にまで発展ないし転化し、中国人の個人主義、利己主義という性格論議に発展していることである。いいかえれば、文明論と国民性論をつなぐ論理がはっきりせず、せいぜい儒教の影響という論理が見いだされるだけのように見える。

思うに、中国における王朝の盛衰は、そこに社会的、政治的変動のエネルギーが噴出していたことを意味し、その過程を漢民族と異民族との抗争という観点からのみ見ることは適当ではなかろう。

大隈が、近代中国の改革、革命運動の将来に悲観的だった一つの理由は、中国における政治的変動のエネルギーに関する大隈の見識とも関連していたのではあるまいか。

11 大川周明と中国

大川周明（一八八六—一九五七）は、いわゆる大東亜共栄圏思想やアジア主義に理論的基礎を与えた者と見られる場合が多く、現に、彼が直接中国だけを論じた論文あるいは評論はあまりない。しかしながら、彼のいわゆるアジア論は、その基礎において、あるいは、その行き着くところにおいて、中国と西洋諸国との関係のありかたや、将来における日中の共同行動あるいは協力の必要性と言った点との関連で、中国に言及している。ここでは、周明の「アジア論」の行きついたところに浮かび上がった彼の中国論を考察してみた。

■インド革命とアジア

周明は、イギリス人の書いたインド論を読んでいるうちに、インドに関心を抱くようになり、やがて在日インド人革命家と付き合うようになった。

こうした過程を通じて、周明は、英国の統治が、インドをして貧しい国に止めており、英国人は、インド人を動物扱いしているという見方に傾いた。(1)そして、周明は、こうした状態から解放されるためには、アジアの国が全体として「アジア人のためのアジア」を打ち立てねばならないと主張するに至った。

亜細亜民族は、第一に自由を得ねばならぬ。自由を得たる亜細亜は、周繞堅固に統一されねばならぬ。

周明はそう叫んだ(2)。

しかし、自由は与えられるべきものではなく、獲得すべきものであり、そのためには力が必要である。周明は次のように説く。

革命乃至内訌は、欧羅巴の国力を弱くするであらう。されど自己の力は他の強弱によって定まるものでない。亜細亜は真個に強くならねばならぬ。亜細亜は敢然として自己金剛の意力を発揮せねばならぬ。而して『力』とは思想の発動である。故に亜細亜は其の『力』を発揮する為に、正しき思想を把持せねばならぬ(3)。

そして、そのためにアジアで指導力を持ち、それを発揮するのは日本であり、日本の大東亜圏構想こそ、その支柱となるべきものだった。

人間の社会的生活は、その最も原始的なる形態に於ても、乃至は最も小規模なるものに於ても、指導・被指導の関係なしには決して成立しない。秩序のあるところ必ず指導あり、指導のあるところ必ず地位の差等を生ずる。

（中略）

されば大東亜秩序も、それが秩序である限り、指導・被指導の関係を前提とする。若し指導能力ある者が指導の地位に立つに非ずば、秩序は必ず紊乱せざるを得ない。大東亜圏内に於て、日本が指導的地位に立つことは、東亜新秩序の確立と発展とのために、最も自然にして且つ必要なることと言はねばならぬ。(4)

■満蒙の安定

日本がこうした使命を遂行できるためには、重要な経済圏たる満蒙を日本が責任をもって発展させなければならない、なぜなら、それこそが、経済の不安定に直面し「ボシシェビーキの害毒」に悩む中国自体の安定、発展のために必要だからである――そうした主張を、周明は、中国を視察したフランスのかつての東アフリカ総督の意見を引用して、これに賛同するのであった。(5)

いいかえれば、満州、蒙古の安定と発展を維持することは、日本のためばかりではなく、アジア全体のためであった。このことを周明は、つぎのようにとりまとめる。

かくて今や満蒙に於ける日本の立場は、専ら経済的必要から、次では国防的見地から主張せらるるに至った。国防的並に経済的見地から、満蒙が日本にとりて重大なる関係を有することは言ふまでもない。さり乍ら、単に日本の生存のために必要だといふに止まるならば、日本の主張にはついに確乎たる道徳的根拠を欠く。少くとも満蒙より日本を放逐せんとする支那の政策を、道徳的に憤るべき何等の根拠もない。(6)

こうした考え方の背後には、周明の中国観があり、その柱は、中国が(欧米帝国主義の犠牲になっている点もさることながら)むしろ西洋帝国主義と妥協し、ややもすると、欧米のアジア侵略の片棒をかつぐことになりがちであるというところにあった。そしてこうした見方は、日清戦争およびその直後のいわゆる三国干渉とそれをめぐる中国の動きに関する周明の見方と連動していた。

周明は、日清戦争について「表面に於いては日支両国の戦争であるが、欧羅巴の東亜侵略に対する日本の第一次反撃であり、日本は欧羅巴侵略主義の手先たりし支那に対して、武力的抗議を敢行したのである」と解し、「戦後の三国干渉は来るべきものが来ただけである」としている。(7)

いた。

■アジアにおける日本と中国

そして、周明の脳裏には、こうした中国観と相重なって、当時の日本自身への憤懣が渦巻いていた。

亜細亜の諸民族をして正しく日本を理解せしめ、積極的に日本に協力せしめるためには、日本民族は亜細亜を自覚し、亜細亜的に行動せねばならぬ。然るに今日の日本人の言行は善き意味に於ても、悪き意味に於ても、余りに日本的である。儒教や仏教をまで否定して、独り『儒仏以前』を高調讃美する如き傾向は、決して亜細亜の民心を得る所以ではない(8)。

そこまで行き着いた上での周明の考え方は、アジアをひとつにまとめる上では、中華思想もこれまた望ましくないものであるというものであった。

唐代は異民族と多く接触してをつた関係上、これらの民族に対して寛大であり、並にその創り上げた文化が国際的色彩を帯びてをつた。国際的というのが悪いならば全アジア的色彩を帯びてをつた。恐らくこの二つが唐をしてあの大業を成さしめた所以であります。これは今日吾々が大いに参考とすべきことと思ひます。若し日本人が昔の支那人の如く、吾々だけが本当の人間であって、他の人間は皆な夷狄であるといふ、さういふ高慢な態度を以て異民族に接するならば、左様な独りよがりの国民には決して心服して来ません。(9)

ここには、近代における日中間の対立は、実は欧米帝国主義への対処のしかたについての違いによるものだとする周明の考え方とはやや次元を異にする、アジアにおける日中の覇権争いを暗示するがごときトーンが隠されている。その意味では、周明にとって、中国は、日本にとり、西洋帝国主義に対抗するためのパートナーとなりうる存在であるとともに、アジアと西洋との関係を考える上で、さらにはまた、アジアにおける指導権のありかたを考える上で、日本の反面教師となりうる存在でもあったといえよう。

■反面教師中国

この点、すなわち、中国が、日本にとってある種の反面教師であったという点は、とりわけ重視すべきポイントである。大川の場合、それは、一つには、中華思想による独善主義であり(その反射としての、日本の狭量な国粋主義であり)、二つには、中国がとかく西洋植民地主義と「妥協」しがちである点(その反射としての日本の「西洋崇拝」)であった。

しかし、(大川自身も一応指摘してはいるが)中華の典型であった唐王朝の中華主義は、国際主義でもあった。また、中国が西洋植民地主義と「妥協」したのは、外部の圧力を内に引き込み、「中国化」することによって、その影響を中立化させようとする、中華文明の「懐の大きさ」でもあった。そうした側面を、大川がどこまで深く認識していたかは疑問がのこるところである。

12　幣原喜重郎の中国観

一九二〇年代から三〇年代にかけて外務大臣として日本外交を指導し、幣原外交という言葉を生んだ幣原喜重郎（一八七二―一九五一）は、きわめて「西欧的」なスタイルの外交を推進し、軍部を中心とする強硬な中国進出路線に対する協調路線の持ち主として評価されるのが通常である。

そのためもあって、また、幣原はその経歴上中国に長く滞在したことがなかったこともあって、幣原の中国そのものに対する見方についての観察あるいは分析はあまり深く行われてこなかったきらいがある。ここでは、幣原の対中国外交の分析を越えて、外交姿勢の裏に潜む、幣原個人の中国観ともいうべきものにメスを入れてみたい。

■奥の深い国、中国

一九二七年、蔣介石軍の北伐の途次、南京で発生した外国人への暴行、略奪行為（いわゆる南京事件）

に対して、列強がどう対応すべきかをめぐり国際的協議がおこなわれていた時、幣原は、在京の英国及び米国の大使を招致して懇談したが、その際、幣原自身の言葉によれば、そもそも中国という国についての幣原の見方を次のように述べている。

何処の国でも、人間と同じく、心臓は一つです。ところが中国には、心臓は無数にあります。一つの心臓だと、その一つを叩き潰せば、それで全国が麻痺状態に陥るものです。たとえば日本では東京を、イギリスではロンドンを、アメリカではニューヨークを、仮りに外国から砲撃壊滅されると、全国は麻痺状態を起す。取引は中絶される。銀行だの、多くの施設の中心を押さえられるから、致命的の打撃を受ける。しかし中国という国は無数の心臓を持っているから、一つの心臓を叩き潰しても、ほかの心臓が動いていて、鼓動が停止しない。すべての心臓を一発で叩き潰すことは、とうてい出来ない。だから冒険政策によって、中国を武力で征服するという手段を取るとすると、いつになったら目的を達するか、予測し得られない(1)。

ここには、中国は物理的、文化的に懐の深い国で、単純に「中国」とひとまとめにして論じ得ないという幣原の見方が滲みでている。

こうした見方は、「中国は極めて独自性の強い国であり、それゆえに外部からの影響は限定的でしかない」とする見方に繋がっていた。幣原は、現に次のように言っている。

支那人の国家的生活は実に数千年の歴史を背景とし、自国特有の環境に刺激せられて発達し来ったものでありますから、いかなる外国も自己本位になり案出したる政治又は社会組織の計画を支那に強いむとする如きことは永遠に成功すべきものではありませぬ。(2)

こうした幣原の考え方は、別の機会にも表明されている。たとえば、一九三一年、当時南京の国民政府とは離れて広東に作られた、いわゆる広東政府の外交責任者の陳友仁と幣原が東京で非公式に会談した際、満州を日本が買い取るという構想に関連して、幣原は次のように語っている。

私は満州をその住民ぐるみに買取ることは御免です。私は幾千万の満州住民を、ことごとく渤海湾に投入して、皆殺しにする権利を承認するという条件のない限り、満州とともにその住民を鵜のみにすることは、爆弾を抱えて眠るようなものであるから、タダでも貰い受けません。(3)

こうした幣原の中国観は、いわゆる奉直戦争への対処ぶりにも反映された。奉天を中心に勢力を誇っていた張作霖と、これに対抗する呉佩孚の間に戦闘が起こり、戦火が満州一帯に及ぶ恐れが生じた際、それでも軍事介入を回避すべきとする幣原は、たとえ満州が、呉の手中に陥ったとしても、日本側は、張と同じく呉と話をつけることは出来ると主張した。[4] この裏には、中国は中国人が統治してこそ安定する、それほど中国は独自で、複雑な国であるとする見方が潜んでいたのだった。

■内部あるいは地域対立の国

幣原のいう複雑な国という中国観は、また、内部対立や地域対立を抱えた国という見方と通じていた。幣原は、中国国内の内部対立（あるいはその可能性）の強さを感じ取っていた。そのことは、南京事件の処理にあたって、蔣介石を追い詰めてはならない、なぜなら彼は（親共産党の人々との）内部対立に直面しているからだ、という幣原の見解と相通じていた。同時に、中国の複雑性や地域対立の可能性についての見方は、（幣原本人自身がどこまで明確に意識していたかどうかは別として）どこかで、満州、内蒙古は中国本体と別の取り扱いを行うことについて、中国全体としてはそれほど異議がないであろうという見方に通じていた。だからこそ、あれほど満州問題に関連して軍事介入を嫌った幣原が、満州における日本の特権的経済権益の堅持あるいは現状維持についてはかなり楽観的であり、それだからこそ、軍部が満州事変を引き起こすことの深刻性について、幣原の理解は必ずしも十分ではなかったといえるのではなかろうか。

■中国と中国人

中国を複雑な国と見る幣原の見方は、また、中国という国と中国人を分別する見方と通じていた。それ故に、幣原は、特定の政治指導者や軍閥を日本が支援することは「内乱に苦しみ軍閥を憎んでいる中国国民全体の恨みを買い、彼らを敵に回し、大々的な対日ボイコットを誘発する」[5]と考えたのである。そして、このように幣原が、中国の権力者と中国国民とを分けて考えていたことの裏には、日本と中国との歴史的、地理的関係からいって、日本人は、「支那人ヨリ深怨長恨ヲ受クルハ頗ル忍ビ難キ地位ニアル」(南京事件の処理に関連して幣原が英国大使に述べたことの一部)という考え方があったからであろう。

■日本から見た中国

右に述べた幣原の考えは、「中国(に対して)は、こと日本に関する限り、西欧の論理で対処するわけにはいかない」という見方に繋がっていた。またそうした見方は、その裏に西欧との関係では、日本と中国とはかなり類似の立場にあるという見方が潜んでいた。そうした考え方は、一九二一年の北京関税会議に関連して、幣原が次のように語っていることにも現れている。

「こんどの会議で、中国側が重きを置くのは恐らく関税自主権の回復であろう。関税自主権を認むれば、中国が勝手に関税をとって、列国が迷惑するかも知れんが、それかといって、それを認めないというのは公平ではない。日本の歴史もそうであった。安政条約以来、片務的に縛りつけられた税権を、結局各国の漸次通商条約の改訂とともに回復した。これは独立国の間には当然のことである」[6]。

しかし、そうした中国と日本との歴史的絆の裏側として、中国はとかく日本を「侮る」態度をとる国という見方も同時に幣原の脳裏にあった。幣原は、現に、一九三〇年代初頭の情勢を語るにあたって「そのころの中国の態度というものは、日本に対して露骨な侮慢政策をとっていた」と述べているが[7]、当時、日本の中国に対する態度や行動を考えれば、中国の対日「侮慢政策」なるものは、抗議行動の変形にすぎない面が多かったにも拘わらず、幣原が、「侮慢政策」という言葉を使っている裏には、とかく歴史的に中国は日本を馬鹿にしがちな国であるという見方が潜んでいたといえるのではなかろうか。

■不即不離

そうした感情ないし見方をもっていたとしても、幣原の中国観の根底には、中国は複雑な国であり、その動向に影響を与えようと軽々しく介入することは、慎むべきであるという見方があった。ただ、日本と中国との地理的、歴史的関係からいって、傍観者的態度をとるわけにはゆかない以上、いわば不即不離の原則にたつべきというのが幣原の考え方であった。こうした考え方は、別の角度からみれば、英米を中心とする国際社会が、中国をどう見ているかという点を考慮しながら、日本の立場を決めてゆくという考え方にほかならなかった。

この考え方は、国際社会の中国を見る見方と、日本の見方とが大きな乖離を持たないかぎり、通用すべきものであった。しかし、国際社会の見解と日本の見方の乖離が目立ち、しかも中国自体において、毎日、反日の機運が高まるとき（たとえそれが日本の対中国政策にかなりの程度由来していたとしても）、幣原のような考え方は非現実的なものとされていったのである。

13　石原莞爾にとっての中国

■世界最終戦論と中国

関東軍参謀として、満州事変の影の立役者であった石原莞爾（一八八九―一九四九）にとっての中国は、いわば彼の世界最終戦論における戦略的「駒」だったといえる。

石原は、「飛行機の発達に依り、全国民を挙げ全力を尽くして一挙に決戦を求むる殲滅戦略[1]」が、世界最終戦のかたちとなると主張し、その際、日本が英米ソ連に対抗するためには、「東亜の諸民族」

の「大同団結」が必要であると説いた。[2]

■満州の位置づけ

こうした戦略を実行する上で石原が当時の中国をどう位置づけていたかといえば、中国は、経済的に未だ近代化しておらず、また政治道徳的にも問題があり、こうした国を日本が指導して東亜連盟結成にもってゆかねばならない、という考えであった。[3]

それを実現する過程において、満州は、欧州(ロシア)に対抗する場所としても、また、日本の経済的進出先としても、さらには日本の人口問題を解決するための場所としても確保しておかなければならない地域であり、日本がそれを実行してよい歴史的理由があるという考え方が石原の頭にあった。

満蒙は漢民族の領土に非ずして、むしろその関係我が国と密接なるものあり。民族自決を口にせんとするものは、満蒙は満州人および蒙古人のものにして満州人蒙古人は漢民族よりむしろ大和民族に近きことを認めざるべからず。現在の住民は漢人種を最大とするも、その経済的関係また支那本部に比し我が国は遥かに密接なり。[4]

このように、満州は、歴史的、地理的理由もあって(当時の多くの日本人と同じく)石原の頭の中では、中国本土とは別の存在として意識されていた。したがって、石原は、満州事変にともなう軍事行動が、満州をこえて中国中央部へ波及することには反対であり、また、中国の内政への干渉には慎重であった。このことは、石原の次の言葉にも明白に現れている。

日本としては「政治の独立」なる原則に従い民国の内政に干渉すべき限りでない。また日本人としても民国と満州国とは本質的に異なれる事情を認識する要があり、直接民国の政治に参加するのは適当でない。もっとも民国より進んで協力を求められることにつきては極力その求めに応ずべきであるが、民国人が日本を成金視して尊敬を払わざる今日、力をもって指導せんとするが如きは全く王道の精神に反する。真の指導は被指導者が心より指導者を尊敬する場合に於て始めて可能である。(5)

こうした石原の考え方は、中国の民族意識の強さに対する石原の認識と連動していた。だからこそ、彼は東亜連盟についても、「日本人が日本国を連盟の盟主なりと自称するは慎むべきである」と言い、(6)石原が、中国とは別個と見なしていた満州についてすら、中国人の心情を的確に理解し、満州国が日本主導で建国された後も「独立国家として成立を見たとはいえ、従来の関係より民国としては遺憾の意を禁じ得ないであろう」と言っているのである。(7)

にもかかわらず、石原にとっては、中国は、所詮、日本が欧米の勢力と争う上で有利に立つための戦略的「駒」に過ぎず、その駒を有効に使用するためのもう一つの「駒」こそ満州であった。日中連携論は、石原にとって、遠い未来に実現することありうべきも、所詮は一つの理想であり、夢に過ぎなかったのである。

■戦略上の駒

このように、石原にとって日中の連携が、言わば一つの夢であったのは、石原の日中提携論が、基本的には、英米ソに対抗するための方便ないし手段に過ぎず、連携が実現すべき理念について、日中双方が確固として共有しうるものを提示できていなかったからにほかならない。

今日においても、心情的日中提携論や、第三国へ対抗する方策としての日中提携論を唱えることは非現実的なものとなりかねないことを、石原の中国論は暗示しているといえよう。

14 松岡洋右と中国

満鉄の理事、総裁、そして外務大臣を務めた松岡洋右（一八八〇―一九四六）は、中国と最も縁の深かった外交家であり政治家の一人だったといえる。その松岡の中国観は、何といっても、まず、日本にとっての満州の意味（その裏側として中国にとっての満州の意味）を原点としていた。また、松岡の中国観は、中国関係者との外交折衝や自身の中国紀行や満州での生活体験などを通じて形成されたものと言え、またそれは、中国の対外戦略や対外感情についての見方が中心であった。加えて、松岡は、長期間にわたる中国人との接触を通じて、中国人の気質ないし国民的体質についても自らの感想を残している。以下、こうした三つの次元に分けて、松岡の中国観を見てみたい。

■日本、そして満州という窓から見た中国

松岡は、何をおいても、世界における中国の位置と姿を日本という窓から見た。その窓から見た中国は、日清戦争によって対外的イメージを大きく傷つけられた国であった。日清戦争に日本は勝ち、中国は負けた、その結果世界は「膨大支那の積弱暴露に唖然とし」、中国大陸は、これまで以上に、いわば決定的に列強の「利権争奪」の場と化し、そして鉄道は、そうした利権争奪と勢力の象徴となった(1)。

日清戦争という窓だけではない。松岡は、同時に、中国を日露戦争という窓からも見ていた。その窓から中国大陸を見ると、満州、すなわち中国の東北地方は、日本が「実に一〇万の死傷者を出し、二十億円の戦費を費やし」てロシアの進出をくい止めた場所であった(2)。

それだけに、満州は日本にとって特別な場所だという思いが松岡には強かった。そればかりではな

い。満州は、日本にとって特別であるばかりではなく、中国にとっても、いささか特別な地域であると、松岡は認識していた。すなわち、「満蒙は中国より云へば、辺境の地であって」中国が歴史上辺境に大きな力を及ぼしていた唐の時代にあっても「今日の観念で云へば宗主権位のものしか及んで居なかった」地域であり、清朝の時代には、満州は、長く漢民族の移住が禁止されていた地域であり、そうした禁令が解けて多くの漢民族が移住するようになったのは、いってみれば、日本の満州開拓努力と並行している――そう言った考え方であった。(3)

そこから、松岡は、日本の満州経営によって、日本のみならず、中国、そして列強も利益を得ているという意見に傾き、そして更に、満州は日本にとって「生命線」であるという主張を展開したのであった。(4)そして、この主張は、こうした満州を抱きかかえた日本は、「世界人類に向かって満蒙の完全なる解放」を実現して指導権を発揮すべきという主張につながり、それが、いわゆる大東亜共栄圏思想への松岡の思い入れの基礎となったのであった。(5)

同時に、松岡は、「日本は満州国を日本化し支那を満州国化せんとするが如き意図を有するものではない」とし、「日本の望むところは一日も早く支那が近代国家として統一されることである」と考え、そして、「日本が満支両国と相携えて大東亜諸民族を西欧帝国主義の制圧と搾取から解放する」ことを主張した。(6)

以上のような松岡の考えや主張を以て、日本帝国主義の中国侵略を合理化する主張にすぎないと解することは単純すぎる。たとえば、松岡が、次のように述べていたことを考慮すると、松岡の中国観には、中国を日本の国益のために利用しようとする側面を越えて、中国との連帯をはかろうとする意識が強かったことを裏書きしている。

このジュネーブに来て兄弟分であるはずの東洋人同志が、欧米人にとり囲まれながら争わねばならぬのが、情けない。昔パリ会議の時、支那側がさかんに日本側を攻撃してきた。当時私は情報部長の役をしていたが、『パリの真ん中で日本と支那がみにくい喧嘩をするのは東洋人たる私にはできない』と言って徹頭徹尾、支那側の挑戦に応じなかった。(7)

同じような趣旨は「支那人以外の民族と一緒になって支那人を叩くと云ふような事を日本がするなら夫れは日本の間違ひである」という松岡の言葉にも現れている。(8) また、松岡は、一九三七年十月、「日本のために弁ず」という自身の論説のなかで、「日支両国の絶えざる衷心の協力こそアジアの運命を開拓しうる唯一無二のものである」と述べているが、松岡の長きにわたる中国との係わりあい全体を眺めると、この言葉は、松岡の本心、あるいは少なくともその一部であったと言えよう。

■国際的折衝の相手としての中国

松岡は、満鉄時代、外務省時代、さらには政治家としても、日本で、中国で、また国際場裡で、中国の関係者と折衝してきた関係上、松岡の発言や意見のなかには、しばしば、そうした折衝を通じて松岡が感じ取った中国あるいは中国人の（対外的な側面における）特徴ともいえる感想や観察が読みとれる。そうした観察の一つは、中国人には対外的な意味で被害者意識があることであった。

松岡は次のように言う。

支那人が屢々外国人を遇するに、支那を利己的に利用し欺瞞するものと邪推を以てし、支那から輸出される貨物は悉く支那人から剝奪したものであると看做す偏頗なる感情を抱く[9]（以下略）。

こうした被害者意識が、排外思想、ひいては排日思想に繫がってゆく過程を、松岡は心中理解していた。「実に近代支那外交史は、侮って排し、排しては戦い、戦っては敗れ、頼んで奪われ、求めて滅びんとしつつあるのではないか」という言葉は、この過程を突いたものといえる[10]。

中国はまさに、「根強き排外教育、特に排日教育」の国であった[11]。

しかし同時に、松岡は、そうした排日の背後には、単なる排外思想の反映ばかりではなく、中国の侮日態度が影をおとしていると考えていた。たとえば、日本政府が、支那共和国と呼んでいた呼称を換え、中華民国と改称したことについて、松岡は、この言葉は日本語ではないとし、「支那人でも気の利いた人物は舌を出してせせら笑っている」とし、また、小幡酉吉大使へのアグレマンを拒否された事件に関連して、「日本の外交が支那に於いても馬鹿にされる」と言い、日本に対する「侮辱である」とする。[12] そして、彼の著書『動く満蒙』の随所に、「(日本に対する) 侮辱の潮流」「支那人が日本人を見下す」、「日本人を侮辱するやうな空気」といった表現が見られるのである。[13]

こうした日本と直接関連する形での中国の対外交渉態度に加えて、松岡は、より一般的、あるいは伝統的な中国の対外交渉のやりかたについても松岡らしい見解を示している。一つは、外国同士を牽制させる方策、いわゆる以夷制夷策である。フランス、ドイツ、ロシアなどが相次いで中国における利権獲得競争に乗り出した際、中国は英国を利用して他の三国を牽制しようとしたと松岡は考察し、これを「伝家の秘策、以夷制夷策を襲用した」ものとしている。[14] また、松岡は、その著書の数カ所で、日露戦争時において、中国は、表向き中立を装いながら、実は、ロシアとの秘密協定(いわゆる李鴻章ロバノフ協定)によってロシアと同盟を結んでいたことに言及しているが、そこでは中国の政治家の対外交渉態度について行間に不信感を滲ませている(このことは、満鉄並行線問題についての英中折衝についての松岡のコメントにも反映されている)。[15]

■中国人の気質あるいは体質

右にあげた、中国の対外折衝態度についての松岡の見方は、ある意味では（特定の時代に特有のものとしても）中国人の体質論となっていると見ることが出来る。事実、松岡は対外折衝にかぎらず、いろいろな次元における中国人の気質や体質について種々論じている。

一つには、中国が、広大な領域を持つ国であるということを、日本はじめ第三国は、その対中政策上、十分心得ておかなければならないという。すなわち、「中国の広大さ」からくる中国の特質を理解しておかなければならないという点である。この点を、松岡は、「一言に支那と申しますけれども今日の我が国力では余りに大き過ぎる」と言い、また「全ヨーロッパより大きな国」であって、「各種政権が林立」しかねない国であるという。[16] しかし、この広大さは、ややもすると国内に無秩序を生み、また、その長い歴史とあいまって、中国人に複雑な性格ないし国民性を与えているとする。[17]

この点とも関連して、松岡は、中国人、とりわけ伝統的中国人が、今もって古い中国の故事をよく引き合いに出すことをやや皮肉交じりに言及している（例えば、「昔の大官連に会ひましたが、此の人達に会っては談一度共産党の問題に触れると、向ふから抑々中国は五千年の歴史を有し等と、王安石など引っ張り出して講釈が始まる」）。[18]

次に松岡は、中国人が、宣伝上手であり、また時間の要素を巧妙に対外交渉にとりいれる点を強調している。

前者について、松岡は次のように言う。

支那国民は由来声の人であるといふことは百も承知して居りまして南方の宣伝の模様も聞いて居ったのでありますけれども、併し之を現場に行って見るに及んで一層感を深くしたのでありります。[19]

また、時間の点については、松岡は、場所により違った表現を使いながらつぎのように語っている

支那人一流の慣用手段たるプロクラスチネーションの方法[20]

支那人相手の交渉と云ふものは廻り遠い、紆余曲折があって九分九厘まで行って、後の一分が十年も掛ると云ふことが能くある。[21]

支那人と云ふものは、重要な地位を占めてゐる大官は、其通用性として却々即答せぬものである。[22]

また、興味ある点は、松岡は、日中を同文同種と呼ぶのはむしろ日本側であって、中国側ではないという見方をしていたことである。この点は、「支那の方が何と言われようが、私等は、この同文同種」という言葉や、「日本人の云ふ同文同種とか、唇歯輔車とか云ふ事は支那人が冷嘲して居る」という部分に現れている[23]。

これら全ての松岡の中国人観の裏にあったものとして、われわれが今日注目すべきは、多くの日本人が中国について無知であるという見方である。

昭和十六年一月、松岡は、衆議院予算委員会で次のように発言している。

> オ隣リノ是ダケ我ガ国運ニ重大ナル関係ノアル中国人ノ民族性スラ、果タシテ本当ニ研究ガ遂ゲラレテ居ルカ、日本人中デ本当ニ摑ンデ居ル人ガ何人居ルカ[24]。

■被害者意識

このように、松岡が、中国についての「日本人の無知」を強調していることと、彼が、中国人の被害者意識を重視していることとを結び付けると、ここに今日的意味を見いだすことができる。

中国の排日、反日思想の裏には、実は、拝外思想の名残があり、その背後には、異民族、異国からの侵略、進出に悩まされた過去に対する被害者意識があるとすれば、そこを十分理解しておくことは重要である。たとえば、第二次大戦終結七〇周年記念式典を「ファシズムへの勝利」の式典として大々的に中国が開催したことについて、これを反日運動の一環として非難する向きがあったが、こうした式典は、中国が第二次大戦の勝者であったことを、みずからに誇る意味があり、その波及効果として、中国のいわば伝統的な被害者意識を軽減する上で役だったとすれば、これに対して徒に目くじらをたててばかりいる必要もないといえる。

また、中国の被害者意識を考える際に留意すべきは、欧米のアジア進出ないし侵略との関連である。しばしば、日本のなかに、日本も中国も欧米のアジア侵略の被害者であったという側面を重視して日中連携を説く文化人などが存在した。これに対して、日本自身中国から見れば侵略者ではないかという反論は当然存在するが、それに加えて、そもそも日本は、欧米のアジア侵略に対応して自らを近代化し、独立を守ってきたという自負心なり矜持があり、被害者意識なるものは、政治的というより、文化的な心情に根ざすところが大きいことを想起すべきであろう。

ここに、対外関係についての意識の面で、日中の基本的違いがあることを十分留意しておかねばなるまい。

15 重光葵のなかの中国

一九四〇年代、東条内閣のもとで外相を務め、戦後、戦犯として巣鴨に幽囚の身を囲った後、一九五〇年代、鳩山内閣の外相として活躍した人物、言わば激動の時代に激動の人生を送った重光葵（一八八七―一九五七）は、中国で爆弾を受けて片足を失ったことに象徴されるように、中国とも縁の深い外交官、政治家であった。

重光は、手記や回想録を残してはいるが、中国に関連する部分は、その時々の日本の対中政策あるいは日中関係に関するものがほとんどであり、重光の「中国観」といえるものが直接表に出ているものはあまりない。

しかしながら、対中政策や日中関係を論じた重光の文章をよく考察すると、その背後に、中国に対する重光の「見方」が、それとなく滲み出ているものがある。それらを中心に、いわば重光の心の奥にあったと思われる彼の中国観をみてみたい。

■広大な土地と長い歴史

中国は広大な国土を擁する大陸国家であるという認識は、いわば客観的事実として、多くの人々が持つ認識であるが、重光も、当然こうした認識をもっていた。しかも、そのことは、日本の対中政策についての重光の考え方にも影響していた。

一九三二年、中国、とりわけ上海を中心に抗日運動が高まったこともあって、日本軍が上海周辺に出兵し、中国軍との全面衝突の事態となった後の撤兵交渉において、陸軍は、占領地はもとより、日本軍の非占領地までふくめた広い地域における中国軍の撤退を要求し、交渉が困難に直面した時期があった。そのとき、重光は、陸軍のそうした要求が理不尽であることを説いたが、そのことについて、重光は、つぎのように述べている。

陸軍の主張は現在占領している地域にシナ軍が再びはいってくるのを拒否しようというのであるが、それにたいしても私は、このような広大な地域を維持する事が不可能であるのみならず、上海地区の秩序維持という点から見ても不必要である（中略）と言って反対した。(1)

このように、中国は広大な国土をもつという、いわば「空間的中国観」は、同時にまた、中国が長い歴史を持ち歴史の重みが今も生きている国であるという「時間的中国観」につながっていた。

重光は、「限りなき土地と資源と、而して多くの人口とを包容する支那は、政治上の永久の争闘場としての、多くの素質を備えている」と言い、その背後にある、中国の歴史的伝統について、つぎのように言及する。

支那は、古来易姓革命の国であって、王朝がある世数の政権を維持した後、民意を失って衰運に向うとともに、英雄豪傑が出現して、力をもってこれを倒し、新たなる王朝を樹てる。これは、天の命により、民意にも副ったものであると、天下をとったものも云い、また一般人民もさよう観念する。(2)

だからこそ、重光は、清朝末期以来の中国革命運動も、「西洋の自由思想」や「漢民族の解放」という思想に加えて「易姓革命の思想」との競合であるとする。(3)

また、重光は、上海総領事時代に、南京政府の高官の親戚の家でアヘンを吸う体験をしているが、(4)これも、見方によっては、現代中国を理解するためにも、中国の伝統的風習や歴史をわきまえねばならないとする考え方の現れとも解し得よう。

こうした重光の中国観は、また、中国という国家と離れて存在する中国人ひとりひとりの「したたかさ」という中国人観と結び付いていた。中国人の性格について、重光は「人類中、最も生活力に富む人種」であるとし、「支那が、禍乱の地と化しても、支那民族は世界到るところに進出し、増加発展しつつある」と見ていたのであった。(5)

そして、こうした、中国人の持つ独特の、国家と個人についての考え方は、中国人が中国という国家を代表して、同じく国家を代表する外国人と交渉する場合に、相手「国」の態度もさることながら、交渉相手「個人」の性格や態度に重きをおく風潮と連動していた。例えば、一九二九年、中国駐在大使に任命された小幡酉吉大使に対する、中国政府のアグレマン拒否について、小幡がかつて対華二一ヶ条要求交渉において、日本側代表団の一員として、強硬な態度をとったことがその理由とされた旨、重光は解説しているが、(6)（そのこと自体は一般的見方ないし客観的背景であり、重光特有の見方ではないものの）このことと、小幡の事実上の代わりとして中国に赴任した重光の、自分自身に対する中国政府の好意的態度への言及とを併せて考えると、ここには、外交交渉者の個人的性格に神経を使いがちな中国人の性格についての重光の見方が潜んでいるとも考えられる。

夷を以て夷を制する国

加えて、長い歴史と伝統に彩られた中国は、その歴史を外交政策という側面から見ると、「夷を以て夷を制する」政策をとる国という特徴が見出される——そう重光が思っていたのではないかと想像される。

一九二〇年代初期、日本は一時、列国の先頭を切って対中不平等条約の解消に意欲をみせたが、その後、国内での反対論もあって、解消に尻込みしがちとなった際、「その間、英米と支那側との交渉は急速に進捗し」、支那側の対日態度も変わってきたが、そうした状況を観察して重光は「こうなれば支那が『夷を以て夷を制する』ことは容易である」との感想を漏らしている。[7] この重光の言葉には、中国の伝統的政策として、「夷を以て夷を制する」傾向が強いとの感情が滲み出ている。

そうした傾向とも関連して、中国は、列国をいわば操るかたちで、国際世論を扇動することが巧い国であるという見方が、重光の文章の行間に感じられる。たとえば、対華二一ヶ条要求交渉について、「支那政府は、これらの要求を密かに英米の代表者のみならず、外国新聞通信員に内示して(中略)世界の世論を煽り、国内の排日熱に油を注いだ[8]」とする重光の言葉には、国際世論誘導に巧みな中国というイメージが見え隠れしている。

他方、「夷を以て夷を制する」という考え方において、「夷」は、ときとして中国国内の反政府なり反対勢力であった。言い換えれば、中国国内の政治勢力間の争いにおいて、一方が他方を牽制するために外国勢力と連帯することが稀ではないのであった。そして、こうした事態は、日本との関係において、しばしば生起した。その傾向を、重光は、数カ所において言及している。[9]

従って、当然のことながら、日中関係の処理において、日本側としては中国国内の政治状況について他国に対する場合以上に気を配る必要があるとの認識は、重光の残した回想録の行間に充ちている。

■「夢」の国、中国

重光は、その著『昭和の動乱』の冒頭に近い部分で、満州事変に触れ、明治以来の日本外交は、「富国強兵主義の上に立った発展政策を採用していた」とし、そうした発展政策は、「結局支那を対象とするほかなかった」と述べている。そして、そうした大陸発展政策の「夢」が満州事変に繋がったという考え方を提示している。こうした「大陸への夢」は、かなりの人々にとって、日本国内の革新運動と連動しており、中国大陸においてこそ、日本国内では実現し難い革新的政治を実行しようとする運動となっていったものと、重光は見るのであった。重光の次の文章は、中国大陸が（重光本人にとってではないが）、政治的革新を唱える昭和の青年にとって「夢」の場所であったことを暗示している。

大川周明一派が軍閥と連繋したクーデターによる革新運動の対内的側面は、かくして失敗に帰したが、その対外的側面は、関東軍参謀によって満州において実行された。これが所謂満州事変である。(10)

このように、明治以来、多くの日本の青年にとって、中国が、自らの政治理念を実現すべき「夢」の場所であったことは、日本の中国侵略の裏側にあった社会心理として看過できないところであろう。

16 石橋湛山の中国観

石橋湛山（一八八四―一九七三）の中国観の特徴は、何といっても、中国における民族的覚醒が勝利することを信じ、それを前提に日本の対中国政策を唱導したことにある。「列強の過去において得たる海外領土なるものは、漸次独立すべき運命にある、彼等が、そを気侭になし得る時期は、さまで久しからずして終わるだろう」という石橋の言葉は、彼の基本的な歴史認識であった(1)。

■小日本主義と中国の位置づけ

石橋の中国観の根本には、中国を日本にとって政治的、軍事的な意味で戦略的重要性をもつ国と認識すること自体に疑問を投げかける傾向が存在した。海外領土や勢力圏の重要性が唱えられていた時代に石橋は、「小日本主義」を唱えたが、そのことは、中国の位置づけと密接にからんでいた。

論者は、これらの土地（引用者注――満州・台湾・朝鮮・樺太など）を我が領土とし、もしくは我が勢力範囲として置くことが、国防上必要だというが、実はこれらの土地をかくかくして置き、もしくはかくせんとすればこそ、国防の必要が起こるのである。それらは軍備を必要とする原因であって、軍備の必要から起こった結果ではない(2)。

そう言い放った石橋は、結論として「大日本主義を固執すればこそ、軍備を要するのであって、これを棄つれば軍備はいらない」とする(3)。

そうは言っても、現実に列強は中国に進出せんとしており、日本がやらなければ他国が進出するであろうから日本も手をこまねいてはいられないという反論に対しては、石橋は「日本に武力あり、極東を我が物顔に振舞い、支那に対して野心を包蔵するらしく見ゆるので、列強も負けてはいられずと、しきりに支那ないし極東を窺うのである」と反駁する(4)。

ここには、中国を以て、「日本が自らの野心のために侵略している対象である」と見る見方がにじみ出ている。だからこそ石橋は、同じアジア人あるいは黄色人種として、人種差別撤廃というスローガンのもとに日中や日韓の連携を説く考え方に対し消極的態度をつらぬいた。国際連盟に日本が提出した人種差別撤廃決議案について、「日本自らが中国人や朝鮮人を差別しながら、この提案をしたところで何の権威があろう」との石橋の論旨には、彼の中国観が反映されていたのである(5)。

■愛国心にめざめつつある中国

石橋がこのように中国を位置づけ、その上で日本の対中国政策を論じた裏には、時代の流れについての彼の感覚と見方があった。

多くの日本の知識人と異なり、石橋は、中国の状況を、「過去」にすがり、どうしようもない混迷に陥って未来の見えない場所とは考えなかった。

我が国人が、支那国民の愛国心を無視する習慣を作ったのは、清朝末期の政治的崩解（壊）時代の支那人をいつまでも支那国民なりと誤解せるによろう。(6)

そう述べた石橋は、中国が、今や国民の愛国心を鼓舞し、国家の統一を図らねばならぬ時期にあると見なし、中国の教科書が排日記事に満ちていることについても、次のように同情的立場をとった。

今日支那が、国民の間に国家主義を鼓吹するには、いかなる教育者が考えたとて、支那が清朝末期以来、諸外国に圧迫せられ、国力の衰微するに至った歴史をもってする以上に、有力なる教材を発見することは困難であろう。それはたとえばわが国の小学校教科書に、日清戦争や日露戦争の記事の多きと比すべきもの。ただ不幸にして支那には近年外国と事を構えて、敗退の歴史のみあって、光栄ある勝利の記録がないからして、自然その記事が悲憤慷慨的なるはやむを得ない。記者は敢て支那を弁護するではないが、自ら省《かえり》みて、彼の立場に同情せざるを得ない。(7)

■クールな見方

他方、ここで注目すべきは、石橋が、決して中国革命に自分の「夢」をかけたり、あるいはまた、情緒的な日中友好精神を謳ってはいないことである。むしろ、石橋の著作や論説にみなぎっているのは、中国大陸に日本の「夢」を投影し、そこを日本の活躍先として見るのではなく、友好的ながら冷めた眼で中国大陸をながめる視点であった。

石橋は、中国が、日本にとって歴史的に古くからの修好国であることを強調しながらも、(あるいはそれゆえにこそ)多くの日本人にとって死活問題と考えられていた「満蒙問題」の根本的解決を日本が望むのであれば、中国人の感情を理解しなければならぬという。

よし支那の統一国家建設運動は、その成功する場合には、わが国に取ってははなはだ不利な事柄だとするも、支那国民のその要求は、他国民の到底《とうてい》これを如何《いかん》ともすべからざるものとするならば、われは潔く彼の要求を容認し、口先ばかりの日支親善でなくして、実行の上において、彼の志を援《たす》け、しかしてわれは別にわが安全と繁栄とをはかる工夫をすることだ。(8)

こうした主張の背後には、中国を日本の貿易、投資先として過度に重要視する見方への批判、あるいは日本人の移住先として満州を死活の土地と見る見方への批判が存在しており、それこそは、石橋の、いってみればクールで冷静な考え方であった。そして、石橋は、台湾、(中国)関東州と日本との貿易額は日米貿易の三割程度にしかならぬことや、日本の産業発展に必要な原材料たる綿花や羊毛、石油や石炭は中国大陸からは得られないとし、移住先としても、明治から大正にかけての十五年ほどの間日本の人口は九四五万人増えたが、大正七年末現在で、満州に住んでいる邦人は一八万ほどに過ぎぬとして、人口問題を云々して満州進出を論じるのは現実的ではないと批判したのである(9)。

石橋の中国観は、このようにあくまで冷静であった。

■小日本主義の基礎

このような石橋の中国観とかれの小日本主義の基礎には、「世界における民族的覚醒に日本は同情と共鳴を持つ必要があるが、それが転じて対外干渉になってはならぬ、なぜならば、民族的覚醒は自律性をもつべきである」という考え方があったと思われる。

しかも、この自律性について、石橋は、当事者本人の意識や政策という要因のみならず、国際社会においてその国、その民族がおかれた立場によって大きく規定されているという見方にたっていたのではないかと考えられる。そして、そう考えたからこそ、石橋は、日本の対外発展にともなう「無理」に敏感であったと思われるのである。

これからの日中関係を考えるにあたっては、中国の民族的覚醒の自律性を国際社会がどう尊重するか、また中国を取り巻く国際情勢がそうした自律性を尊重し得る情勢にあるのかといった点を見極めねばならないのではあるまいか。

17 吉田茂と中国

吉田茂（一八七八―一九六七）は、外交官として初めて海外勤務に従事した場所が奉天であり、また、二〇年ほどに及ぶ在外勤務のうちその大半を、奉天、天津などでの中国勤務に過ごした。しかしながら、吉田自らの著書とされる幾つかの回想録を見ても、そうした若い時代の吉田の中国観を直接表現した部分はほとんど見いだし難い。

他方、外相、首相時代を通じて、外交上中国問題に取り組んだ吉田の見解を考察すると、そこに吉田の中国観が滲み出ているように思われる。

遠くて近い中国

多くの日本人と同様に、吉田にとっての中国は、日本が歴史的にその文明を受け入れ、多大の影響を受けた国であった。「日本人は早くから中国に心酔し、中国文化を取り入れることにたいへんな努力を行ってきた」そう吉田は言う。[1] しかし、吉田は、それにもかかわらず、日本が政治的に「中国化」しなかったことに注目し、次のように言う。

古代の交通手段からすれば、日本と中国はあまりに離れており、中国が日本を支配することはできなかったのである。[2]

中国文明圏に属しながら、中国から政治的にほぼ完全に独立していたところに、日本と中国との関係の特殊性を吉田は見てとっていた。いわば、中国は、日本にとって、遠くて近い国だったのである。

潜在的大国

中国大陸に長く滞在した経験をもつ吉田にとって、中国は、国土も大きく、それだけに、その政治的統一に時間がかかる国であり、それが故に、(少なくとも吉田が中国に直接係わりをもった時代において)中国は、混乱と混迷のなかにあったと言うのが、吉田の見方であった。

この点を、吉田は、次のように要約している。

広大な国土を持つ中国においては、一つの政権が倒れてから民族主義にもとづく中央政府ができるまでには、かなりの時間が必要であった。すなわち、辛亥革命のあと、中国は長い混乱期に入ることになったのである。(3)

また、吉田は、潜在的に大きな経済圏として中国を見ていた。

もとより、吉田は、共産政権下における貿易統制や経済統制によって、共産中国が、短期的に魅力的市場にはなり得ないと見ていた。(4) しかし、そうしたやや短期的な観点よりも、吉田は、むしろ長期的な観点で、中国という経済圏の重要性を強調し、そうした観点から、自由主義経済国は、中国に対して、開放的貿易政策を採用すべきとし、「自由な貿易通商の方が儲かるといふ哲理は支那人が、先天的に最も理解するところである」とする。(5) しかも、吉田にとっては、中国は、単に大きな経済圏であるばかりではなく、より深い意味で日本にとって放置したり、封鎖したり、敵対するだけにおわるべき国ではなかった。「支那と日本は縁をきる訳には行かないと考へている。地理的にも歴史的にも、非常に深い関係があるのだから」(6) と言う吉田の言葉には、共産党の支配する中国を単に共産国として見るだけではだめであるという考え方が潜んでいた。

こうした吉田の見方は、中国は共産国家といっても、ソ連邦とは違うという見方と連動していた。

中国民族は本質的にはソ連人とは相容れざるものがある。文明を異にし、国民性を異にし、政情をも異にしている中ソ両国は、遂に相容れざるに至るべし。[7]

吉田にとって、中国は（すくなくとも日本から見て）政治的大国であった。

■中華思想の国

こうした考え方をもっていた吉田は「中共政権との間柄を決定的に悪化させるということを欲しなかった」[8]。しかし、それだけに、吉田は、中国の中華思想的発想や態度には人一倍敏感であった。

中国国民は古い伝統と歴史を有し、自ら中国と称し、中華と呼んで、他国民に対し、少なくともアジア諸国に対しては優越感を根強く持っている。[9]

吉田はそう言い、そうした中華思想が日中関係に及ぼす影響について、つぎのように総括している。

中国は古来妙な国で、東洋でいちばん優秀な民族でありながら、昔から世界の大勢に順応することができなくて、孤立もしくはひとりよがりの中華主義を発揮して、結局は孤立するという道をたどってきた。しかし、中国は現在の状態のままでつづくということはありえないから、日本としてはこれを目の敵とするのではなく、よい方向に導くくらいの気持ちをもたなくてはならない。しかし、中共のように、自分の国はいちばん偉いと思っているうぬぼれの強い国とつき合っていくことがむずかしいことはいうまでもない[10]。

■中国の「辺境民」吉田

こうして吉田の中国観を概観してみると、そこには、吉田特有とも思える、透徹で現実主義的な、どこか突き放したような感覚が見てとれる。多くの日本人が、ある種のロマンを中国に投影したり、またある種の嫌悪と軽蔑を投げかけたのとは対照的に、吉田の中国観は、極めて冷めていたといえる。その一つの理由は、吉田が比較的若い時代に長く中国に滞在したからでもあろうが、同時に、吉田が、外務省で、エリート官僚でありながらエリートコースを外れた存在であり、それを象徴するものが吉田の長きに亘る中国在勤であったからではなかろうか。吉田が自分自身の経歴についてのべた次のような回想はこの点を暗示している。

（私は）如何に自惚れてみても、外務省の秀才コース、出世街道を歩いてきたとはいえない。しかし負け惜しみでなく、今にして思うと、支那大陸に早くから勤務できたことは、私として非常に得るところがあった(11)。

このように、いわば、境界線上にいる「辺境の民」であったため、吉田は、中国の要人や日本の要人に自らの気持ちを偽ってまで近づこうとはしなかった。吉田は、精神的な意味で常に「辺境」から中国を見ていたのである。張作霖との面談に関する、次のような吉田の回想は、まさに、「辺境のエリート」吉田の中国との「距離」を象徴するものといえよう。

その頃私も張作霖にはしばしば出会う機会があったが、われわれの仲は決していいとはいえなかった。ある日のこと、張作霖の軍事顧問をしていた町野《まちの》（武馬《たけま》）中佐がやってきて、「張作霖がこれから君と食事を共にしたいというから、来てくれぬか」という。「自分は張家の召使ではあるまいし、食事しに来いなどといわれて、ハイそうですかなどといって、行かれるものか」と断ってしまった。すると二、三日経って、今度は正式の招待状をよこしてきた。止むを得ないから、出掛けて行くと、席上、張作霖が「貴官とは、仲良くやろうとすれば、仲良くやれると思う。どうだ、これからは大いに仲良くやろうではないか」と言うのである。そこで私は「貴官の言う意味がはっきりわからぬ。只今のところでも、こうやって仲がいいではないか」と答えたところ、作霖先生何ともいえぬ顔付であった。こんな調子で、結局終始仲良くならなかった。[12]

■国際社会と中国

このように、辺境のエリートだった吉田が、いわば国際社会から辺境に追いやられた敗戦国日本を率いて、その国際社会への新たな参入のリーダーシップを発揮することになったのは、運命の皮肉とも言えよう。それだけに、吉田は、自分の活躍した時代においては国際社会の辺境に位置していた中華人民共和国が、いつの日かは国際社会へ実質的にしっかりと参入してくることを不可避とみなしていたに違いない。

けれども、日本の国際社会への参入は、日本自身が国際社会のルールとマナーを身につけることと平行して行われ、また大筋において日本は、西側社会の評価において優等生となろうとしたのとは違い、中国は、開発途上国として、また、共産主義国家としての立場を崩すことなく国際社会の重要な一員となり、今や政治的、軍事的、経済的にも大国の地位を占めている。そうした中国の姿を吉田が見たとしたら、はたして何と云ったであろうか。

一見仲がよくないように見えても、日中は実際は結構お互いにうまくやる術を心得ているはずだ、と、かつて張作霖に言った台詞と同じような言葉を吉田はつぶやくのではあるまいか。

18 岸信介、大平正芳、椎名悦三郎の中国観

一九七二年に日中国交正常化が実現するまでの間、日本は、片や正式の国交を持つ相手の中華民国（国府）、片や事実上存在感を増しつつある中華人民共和国（中共）の双方とどのように付き合って行くべきかという「中国問題」に直面していた。

この問題に如何に対処すべきかを考えるにあたっては、国際情勢に対する判断、過去の歴史への配慮、経済的利益の評価など、各種の要因が勘案されるべきことは当然であり、その勘案の仕方には、関係する人々の中国観が滲み出てくることは当然だった。

ここでは、台湾を正式に訪問した唯一の日本国首相の岸信介（一八九六―一九八七）、日中国交正常化の立役者の一人であった大平正芳（一九一〇―八〇）、そしていわゆる台湾ロビーとは一線を画しつつも、長期間に亘って台湾との関係維持に尽力した椎名悦三郎（一八九八―一九七九）の三名の政治家の「中国問題」についての考え方を中心に、三者の中国観を見てみたい。

■岸信介の考え方

岸は、何よりも、大陸中国を共産党政権の国と見、国府を自由主義陣営の国として重視する考え方

を貫いた。その背後には、米国との安全保障条約の改定に踏み切った岸の外交戦略もさることながら、共産主義に対する岸の厳しい見方があった。

岸は「大体共産党員というものは、人間の誠実さとか善意の通用しない、我々の頭の中にある『人間』には当てはまらない連中だと思っていた[1]」。岸はまた具体的な外交案件に関連して、「共産政権は相手の善意も誠実も自分の目的を達成するために利用するだけなのである」と言う[2]。

しかし、岸も、中国「国民」との友好や中国との経済交流には反対ではなかった。「中共政権の存在を無視する」わけにはいかないとして、政経分離で経済関係を中共とも進めるという考えであった[3]。こうした「政経分離」政策は、しかしながら、実際上、困難に直面した。一つは、中共の揺さぶりであった。たとえば、昭和三十三年五月に起こったいわゆる長崎国旗事件（長崎のデパートで開催されていた「中国切手切り紙展示会」の会場に飾られていた中共の国旗が引きちぎられた事件）が起こると、中共政府は、日中貿易を全面停止する措置をとった。

他方、国府からの牽制と反対もあった。昭和三十三年三月、民間ベースで交渉されていた日中貿易協定が改定されると、そこに相互の貿易事務所の開設やその地位の保護についての条文があったことも手伝って、国府は激怒し、日本との貿易交渉の停止を仄めかした。

このように、政経分離という岸の考え方は、国府、中共双方から「政治的」圧力がかけられる事態をまねいていたのであった。

■大平正芳にとっての中国

大平は、政経分離という言葉を使うことを好まなかった。大平は、ある講演会で「政治と経済を分離するというようなことは世界のどこにも通用しない。政治と経済はあくまで一体のものです」と公言していたほどだった。[4]

その大平は、「中国問題」に対処するにあたって、二つの大きな原則を重視していた。一つは、国際世論である。「この問題に対する世界世論というものが一つに結晶してくれば、解決の糸口が摑めそう」という考えであった。[5]この事は、やがて、国際連合において、国府と中共のいずれが中国を代表すべきかという、所謂国連代表権問題の帰趨が重要であるという見方を暗示していた。

大平は、また、中国に関する具体的外交問題を「政治的」にではなく、できるだけ「法律問題として」対処するとの考え方をもっていた。たとえば、所謂周鴻慶事件（昭和三十八年、東京で開催されていた油圧機器の見本市に参加するため訪日中の中国代表団の通訳周鴻慶が、亡命しようとした事件）に際して、大平は、国府、中共双方の圧力を前にして「法律問題として処理するよう」努力したのであった。[6]

このように、大平は、いわば、政治問題を「実務的」に、かつ情勢の流れに沿って処理するという考え方を貫き、大平自身の感情や個人的思想を中国に投影することはほとんどなく、またその心中を漏らすこともあまりなかったが、政治家の同僚であった福田一の回想によれば、大平は、福田に対して、「(中国と日本とは)同文同種というけれど、文化の捉え方や人間の生き方万端では類似点より相違点の方がはるかに多い」と述べていたといわれる。[7] この事は、大平が、いかなる意味でも中国大陸に何らかのロマンを投影しようとしてはいなかったことを示唆している。

一九七二年、政治生命はおろか命そのものをかけた日中国交正常化が実現した際、大平は、次の漢詩を詠んだ。そこには、政治的ドラマの前でもどこか常に傍観者的であった大平の、大きな目的を達成した自らを傍観しているかの如き感慨がこめられているように思える。

長城延々六千里　汲尽蒼生苦汗泉
始皇堅信城内泰　不知抵抗在民心
山容城壁黙不語　栄枯盛衰凡如夢

■椎名悦三郎と台湾

外相として、又一政治家としても、中国問題、とりわけ「中華民国」との関係に力を注いだ椎名悦三郎の中国観は、中共に対するある種の不信感と、国府に対する「恩義」という二つを軸としていた。

前者については、自民党総務会長時代に椎名が行った次の論評にあますところなく吐露されているといえる。[8]

ご承知のように中共の文化大革命や紅衛兵の行動などは、人間本来の道、社会の秩序、国家の伝統と歴史などを根こそぎに破壊する暴力革命であります。ことに単純無知な少年をかり立てて集団暴力の尖兵とするなどは、文明社会の常識では到底理解することのできない非情な手段であります。

後者の「恩義」については、椎名は、四つの点を重視していた。一つは天皇制の擁護、二に、「以徳報怨」、すなわち、戦後、中国在住の日本人の帰還ができるだけ無事に行われるよう、一九四五年八月十五日重慶から蔣介石が行ったラジオ放送において日本人への暴行を慎むよう呼びかけ、恨みにむくいるに恨みをもってするなとしたこと。第三に、賠償の放棄、そして第四にソ連の日本（北海道）の占領阻止であった(9)。

椎名は、こうした恩義に報いることをもって、対台湾政策の基本とすべきとの考えであった。しかし、椎名が、日中国交正常化の直前、特使として台湾を訪問した際には、そうした恩義にむくいるべき言葉も「お土産」もなかった、そのなかで、椎名はできるだけ誠実に日本政府がおかれた状況を「説明」し、最後まで信義をもって対処しているという姿勢をしめしたのであった。

椎名の次の回想は、そうした椎名の苦衷と「信義」を示している(10)。

「行って何をする」と聞いたら（田中首相は）「外交は大平（外相）に任せてあるから、いてくれ」と泣くような顔をして頼むからね。

大平に会って「中共に対して、どの程度まで台湾に対して譲るのか。台湾をどう説得すればいいんだ」といったんだが、大平はかんじんなことはいわないんだ。外務省の役人がいうようなことばかりでね。「分裂国家の一方を認めたら、もう一方を認めるわけにはいかん。それが近代外交の大きな原則になっているんで……」というんだな。じゃ、そのあと、いったい台湾をどうすればいいかということは何もいわないで、時計ばかり見ているんだ。だから「もういいよ」といって、あとは大平には会わなかったね。

■イデオロギーの役割

岸、大平、椎名三者の中国観を日本の対中政策のありかたと云う観点からあらためて見直すと、岸と椎名の場合は、何といっても、中国が共産主義を奉じる国であるというイデオロギー的側面を重視する考え方であった。こうした考え方あるいは中国観は、東西対立の時代、それも中国が、経済及び軍事大国になる以前の状況下では、現実の対中政策を編み出す上で、意味のある見方であったといえる。

しかし、改革と開放路線が定着し、またイデオロギー的にも戦略的にも東西対立の図式があてはまらなくなった国際情勢の下では、むしろ、大平のような、国際社会全体の対中姿勢をふまえて日本の対中政策を考えるといったやり方が一見妥当であるように見える。たしかに、そうした考え方あるいはやり方は、中国が大国化していない状況下では、実際的であるかもしれない。しかしながら、中国が名実ともに大国となった場合にも通用するかどうかには疑問がある。なぜなら、大国化した中国は、国際社会そのものを動かす力を持つようになり、また、多くの国は、中国の経済力、軍事力に配慮して（本来ありうべき程度以上に）中国寄りの姿勢をとる場合も多くなると見られるからである。従って、これから日本としては、中国との政治的価値観の相違をどこまで対中関係上考慮するかといった点とならんで、国際社会において、中国とどこで共同歩調をとり、どこで、日本の独自性を保持するかという戦略的バランスに十分気をつけなければならないであろう。

第Ⅲ部　近代日本の画家、文人の描いた中国と中国人像

■近代日本文学に描かれた中国と中国人像

明治時代から、第二次大戦直後頃までの期間、中国は、多くの日本人にとって、地理的、文化的理由から、ある意味では今日より自分たちに近い存在であった。それがゆえに、多くの文人、画家などの芸術家が中国を訪れ、中国人や中国の風景を描き、また中国を舞台にした小説や紀行文を書いた。そこでは、政治家、外交家、実業家とはちがって、中国という国よりも、中国人という「人」に焦点を合わせた描写が多くなるのは当然であった。また、文学や芸術作品では、そこに、虚構やデフォルメがあり、小説や絵画にあらわれる中国像が作家や画家自身の中国観とはかぎらない。しかし、ここでは、文学作品に描かれた中国と中国人像は、それなりに、その時代における日本人の中国観を反映しているという仮定にたち、そこに描かれた中国像を、作家別にあぶりだし、同時に、他の作家の作品とも連動させながら、その歴史的かつ現代的意味を考えて見たい。

1　芥川龍之介の中国

芥川龍之介（一八九二―一九二七）には、『湖南の扇』[1]という、中国の美女を主人公とした小説があり、また「支那遊記」[2]と題した中国紀行作品がある。この両者のなかの中国描写には、芥川あるいは登場人物の中国観がにじみでているとみられる所がかなり存在する。

■したたかな中国人

一つは、中国の風習あるいは人々の行いのあくどさ、したたかさ、辛抱強さといった点である。

通常、こうした性格は、「(中国が)どんな大きな天災地変にも対応してきた歴史を考えるとき、とほうもない彼等民族の辛抱の強さであることが分かってくる」(金子光晴[3])といった次元でとらえられることが多い。しかし、芥川は、かれ特有の、一種の耽美主義的傾向を投影して、中国人のしたたかさを、グロテスクな美しさに昇華させた描写をしている。その典型は、つぎのような所に見いだされる。すなわち、芥川は、小説『湖南の扇』のなかで、やくざの頭目の黄六一と彼の情婦の美女を登場させ、女が扇をかざして優美な姿をみせながらも、同時に、首を斬られた黄六一の血をしみこませたビスケットを、綺麗な白い歯でかみ砕きながら、自分はよろこんで「愛する黄老爺の血を味はひます」とつぶやく様子に、中国人の底深いしたたかさを感じ、またそれが故に、そこにグロテスクな耽美主義の花を咲かせて見せているのである。

■あくどさとしつこさ

芥川が、こうして耽美主義の種を湖南地方の美女に見いだしたことは、中国の美的感覚が、日本人から見て、いささか、あくどくみえることと関連している。

北京の芝居小屋を訪れた日本人の感想を描いた阿部知二（一九〇三―七三）の小説の次の一節は、中国の芝居の「あくどさ」を表現している。

下等客の支那人たちの、汚れた服の肩のあひだからみると、激しくつんざくやうな楽器が鳴りひびき、照明の暗い舞台では、あくどい色の衣裳と隈取の男女が縺れあひ、色でいへば原色とでもいふやうな肉声を甲高く張りあげたり唄つたりしてゐた。そのたびに、彼等の前の観客の肩が浪のやうに揺れ、「好（ハーオ）！　好（ハーオ）！」とさけぶ小声が小屋に満ちる。全身を投げこみ、他のすべてのことを忘れて陶酔してゐるのだ。

（阿部知二『北京』[4]）

そして、中国料理は、どこかしつこく、粘っこく感じられる。だからこそ、堀田善衛は『祖国喪失』[5]のなかで、

「ポプラの並木が一斉に葉を落とし出し、光線が中華料理のやうにねばつこくなった頃」

といった形容をするのである。

こうしたあくどさ、しつっこさという印象は、堀田のように料理や、あるいは阿部のように演劇の日中比較などから、多くの日本人の対中イメージとして、今なお存在するといえる。しかし、物事の細部へのこだわりという観点から見れば、日本のほうが、中国よりしつこく、あくどいともいえる。

芥川が、（小説の中とは言え）中国人の「あくどさ」を美的なグロテスクとしてむしろ賛嘆したのは、そこに現実を超越した神秘的なものを感じたからにほかならない。

今日、力強い大国として台頭している中国は、巨大な建物、大規模なパレードといったところに、国家の威信を表現しようとしている。オリンピックにおける中国のメダル数へのこだわりとその成果はある意味ではグロテスクなこだわりの象徴である。それは、決して美しくはないにしても、そこになにか神秘的な、現実を克服し、かつ超越せんとするエネルギーが感じられないであろうか。巨大さと極度の華麗さは、神秘性を持ち、それは個人、国家の権威と結びついてゆくのである。

■伝統と近代

他方、芥川の耽美主義は、近代化の中で、かつての整合性を失い、西洋文明と伝統との相克に悩む日本自身への皮肉な嫌悪を内部に秘めていた。だからこそ、芥川は、同じような現象を中国に見いだして、蘇州の西湖を訪問した際の感想として、つぎのように述べる。

大まかな自然に飽き飽きした、支那の文人墨客には、或は其処が好いのかも知れない。しかし我我日本人は、纖細な自然に慣れてゐるだけ、一応は美しいと考へても、再応は不満になつてしまふ。が、もしこれだけに止まるとすれば、西湖は兎に角春寒を怯れる、支那美人の観だけはある筈である。処がその支那美人は、湖岸至る所に建てられた、赤と鼠と二色の、俗悪恐るべき煉瓦建の為に、垂死の病根を与へられた。いや、独り西湖ばかりぢやない。この二色の煉瓦建は、殆大きい南京虫のやうに、古蹟と云はず名勝と云はず江南一帯に蔓つた結果、悉風景を破壊してゐる。

他方において、そうした日中双方における「近代の進歩」をいわばつきはなした形で観察した芥川の態度の故に、芥川は、中国に対するある種の「偏見」から解放されていた。そのことは、次のエピソードに現れている。すなわち、芥川は杭州行きの汽車のなかで、車掌の態度が日本と比べてのんびりしているように感じた際、それは「我々の偏見」のせいであり、「我々の定規を振り回し」ているからだと断じているのである（『支那游記』）。

■歴史と善悪

ひるがえって、芥川の中国遊覧の紀行文のうち、とりわけ印象深い一節に秦檜《しんかい》にまつわる観光名所見学記がある。

芥川は、宋の時代に北方民族との和解を唱えた宰相秦檜たちが、いまもって国賊扱いされ、他方宰相に対抗心を燃やした将軍岳飛は英雄扱いされていることを見て、そうした歴史的出来事の善悪についての執拗さを、淡々とした、しかし、驚嘆を秘めたタッチでつぎのように語っている。

岳飛の墓前には鉄柵の中に、秦檜張俊等の鉄像がある。像の恰好を按ずると、面縛された所に違ひない。何でも此処に詣でるものは、彼等の姦を憎む為に、一一これらの鉄像へ、小便をひっかけて行くさうである。しかし今は仕合せと、どの鉄像も濡れてゐない。唯そのまはりの土の上に、青蠅が何匹も止まつてゐる。それが僅かに遠来の私に、不潔な暗示を与へるだけだつた。古来悪人多しと雖も、秦檜程憎まれたものは滅多にない。（『支那游記』）

芥川が、こうした光景を感慨深げに物語っている背後には、歴史上の人物が一旦売国奴扱いを受けると、数百年にもわたって後代の人々が、つばをはいたり小便をひっかけたりするという激しい行為に走るほど、歴史の上での憎しみを相手にかぶせる中国人のしつこさに、深く感じるところがあったからにほかならない。

このような、善悪にまつわる中国人の「しつこさ」は、王朝の激しい変遷の過程で、前代の王朝を滅ぼすやいなや、激しく前の王朝を糾弾してはじめて新しい王朝の正当性が確立されてきた中国の歴史のせいとも、あるいは、それと連動した中国人の歴史に対する善悪観のせいであるとも言われるが、こうした中国人の特性が、歴史を善悪（特に、現在の王朝なり政権の立場からの善悪）という観点から見続けるという特性に繋がるとすれば、いわゆる過去の歴史問題の取り扱いに関連して、過去を水に流すことによって和解を達成せんとする日本（あるいは一部の日本人）と、過去をいつまでも検証することは、正邪の問題であり、正邪の判断を共有することが和解にほかならないとする中国（あるいは中国当局）との考え方の違いを十分認識しておくべきこととなろう。

2　阿部知二『北京』に描かれた中国と日中関係

阿部知二の小説『北京』は、北京に在住する日本人と中国人との対話や交流の姿を通じて、北京の情景を、言わば日本人の目で描いた小説といえるが、それだけに、この小説の中では日本人と中国人とがほとんど常に比較されている。

■鷹揚さ

そうした比較のなかで、まず特徴的なことは、中国そして中国人は、ゆったり、あるいは、おおらかであるが、日本人はどこか、せかせかしており、物事にこだわりがちであるという対比が、直接あるいは間接的に描かれていることである。小説『北京』の次の一節は、その典型である。

大門という主人公が、中国人の友人とともに、北京の繁華街、王府井を歩いていると、ある店の店頭に、美しい花嫁姿の女性の写真が飾られているのを見つける。

「美しいですね」という大門に対して、中国人の友人は、「この写真に写っている人には大変なスキャンダルがあったのだ」とささやく。

大門が、そのような醜聞といふべきことの主を、麗々しく飾つてゐる支那人の底知れぬ鷹揚さにおどろき、また、その時も通りすがりの女学生たちが、楽しそうにそれをみつめてゐるさまに驚いてゐた。

ここでは、中国人の「底知れぬ鷹揚さ」という表現が使われているが、小説『北京』の別の所では、「おほまかな支那人と鋭すぎるほど鋭い日本人」と形容されている。

しかし、日中間のそうした対比は、当時の中国と日本との間の社会の近代化の程度の差の反映にすぎないとも言える。あの、国際都市上海ですら、路地裏の町の風景は「日本とは違って、何とののんびりしたものであろう。朝から人は働きもせず、(中略)ぼんやり泥溝の水の上を見ている」有り様だったのだ(横光利一『上海』[1])。

ここには、現代中国を観察する際に日本人としてよく考えねばならない点が暗示されている。それは、そうした中国あるいは中国人に見られる、ある種の鷹揚さやのんびりした風情は、実は、中国において伝統的に（そして今日においても）評価されてきた「態度」ではないかという点である。よく「大人の風格」という言葉で、どこか芒洋とした指導者こそ真の指導者にふさわしいという見方が、中国の歴史的人物や政治指導者について聞かれるが、それは、長年、科挙制度などによって培われた、能力重視の官僚システムを、王政にせよ共産主義にせよ、「政治」がコントロールしようとすれば、能力主義、あるいはメリットシステムの外部の倫理と論理をもちこまねばならないことを暗示している。現代中国との付き合いにおいて、「政治」が常に全面にたつのは、一つには、共産党の一党支配のせいであろうが、加えて、強固な官僚システムの論理を越えたものを、対外関係においても求めようとする中国の「鷹揚さ」と曖昧さとも関係していると言えよう。

■同化力

しかし、他方において、こうした「鷹揚さ」は、実は、中国文明が、いつのまにか異国の文化、風習を同化してしまう、独特の「同化力」をもっているせいだともいえる。

阿部の『北京』は、そうした中国の同化力をつぎのように表現している。

> 冷たい飲みものに喉を潤した男女は、ときをり、懶さうにみえるほどゆるやかに立ち上つて、白いジャケツをきた白人の、バンドと歌手とに合はせて踊つてゐた。北戴河《ベイタイホ》か威海衛《ウエイハイウエ》かの海水浴

で焼いたのであらうか、露はな、紅褐色に焼けた肩をゆすり、鳶色の髪をなびかせ、水色のドレスの腰をふりながら、どこかの国の武官らしい青年と踊つてゐる女がある。痩せた印度人の女が、琥珀の耳輪を閃めかせながら、半白の髪のイギリス人らしい背の高い老人にぶら下つてをどつてゐる。真紅な羅衣の裾から、繊い脚をのぞかせた美しい支那の女が、白麻の服の支那の青年と、英語で囁きながら踊つてゐる。金髪の、蒼白い顔の、黒衣の女が、背の低い南欧人らしい男の黒い口髭に頬をすりつけ眼をつむつて踊つてゐる。花と葉とのかげには、抱き合ふやうにして酒を飲んでゐる男と女がみえる。

右の文章には、異質なものも吸収し同化してしまう中国の力への感嘆が込められている。問題は、この同化力が、中国の伝統や歴史に対する中国の誇りと結び付き、それへの他国民の敬意を当然視する態度へつながりやすい点である。

西洋文明の世界的普及に対して、中国人はよく、「畢竟、紙も羅針盤も火薬も中国が発明したもので、今日の西洋の科学的発展も、もとはといえば中国からの借り物から発しているものが少なくない」と豪語する。こうした発言の中に、西洋文明への引け目を脱却しようとする国民的心理が反響している場合も否定できないが、それよりもむしろ、そこには、中国文明が世界を包含しうるのだという、その同化力についての信念がにじみでていると考えるべきであろう。そうした、中国人の誇りと中国の同化力のせいで、日本人が通常西洋からの移入と考える思想や行動様式も、中国人にとっては中国土着のものあるいはその延長上のものということになる。そこに、西洋文明を見る中国人と、同じく西洋文明にさらされてきた日本人との微妙な相違が存在する。

日本にとって、西洋の文物は、「外のもの」の受け入れであったが、中国にとっては必ずしもそうではなかったのだ。このことは、中国の同化力が、相手を自分の伝統のなかにとりこみ、いわば相手を変えて行く力をもっていることを暗示する。その裏側として、ときとして、外からものを取り込むよりも、外のものを内部にひきずりこむことによって相手を変えてゆくベクトルが強く働き、結果として外のものの受容が阻害されることを含意している。

■中国の威信、日本の矜持

日本にとっては、西洋化は自己を守り、自己を改革する方策であった。しかし、中国にとって、西洋化は、西洋をそれなりに中国の中にとりこみ、同化してゆくことによって、国際場裡での中国の威信、中国的秩序をできるだけ守ろうとするものであったのだ。

この中国の同化力とその裏側にある反発力を一方とし、日本の受容力とある種の一途さの交錯こそ、明治初期の日中関係を規定した、大きな要素であった。そしてその裏には、中国の威信に対する日本の考慮と、そして、日本なりの矜持とがあり、そうした全て、すなわち、日本の中国観の各種の側面が、近代の日中関係に影を落としてきた。それが、もっとも先鋭な形で現れたのが、朝鮮半島をめぐる日中間の鞘当てであった。

一八八〇年代の半ば、朝鮮における改革派のクーデターの失敗とあい前後して日中関係の緊張が高まった際、日本の内部では、一時的にせよ、日清提携論が高まった。この提携論の背後には、朝鮮半島における清の伝統的「威信」への配慮があったことは疑い得ない。なぜなら、この段階での日清提携は、うかうかすれば、清の主張する、朝鮮半島への宗主権の強化にも繋がりかねなかったからである。しかし、その一方で、日本が提案した日清提携案には、「朝鮮駐在の清国代表をしっかりとした人物に代え」、日本の在朝鮮公使と朝鮮問題について協議せしめるという条項が入っていた。この点は、日本の矜持と一途さのあらわれでもあった。

この双方の要素、すなわち、中国の威信への配慮と日本側の矜持や誇りの維持という二つの要素の間のバランスがくずれるとき、日本と中国は、激しく衝突することとなる。

日本が結局、朝鮮半島問題の処理にあたって、日清戦争にまで踏み切った、大きな理由の一つは、すでにお互い若干の軍隊を朝鮮に派遣していた日本と清とが、同時に朝鮮半島から撤兵すれば、朝鮮の政局が、清に有利に働くと考えたからであった。この点を、陸奥宗光は、伊藤博文宛の書簡のなかで、「今日我が朝鮮に対する勢力は、未だ支那の積威に及ばざる観あり」と、表現している。長年にわたる清の宗主権、その背後にある、中国の威信に日本が対抗するには、軍事力しかないという判断に傾いたのだ。

宣伝上手

次に、『北京』のなかで感じられる中国人像として、口の巧い、宣伝上手の中国あるいは中国人というイメージがある。

もともと、中国人の宣伝上手あるいは、口先の巧妙さといったイメージは、しばしば日本の文学作品の上に登場しており、豈『北京』のみではない。たとえば、石川達三（一九〇五―八五）の作品『武漢作戦』[2]のなかで、日本軍の軍人は、

戦争は支那のほうがうまいな。日本は勿論強いが、国民に対する宣伝なんか成っとらん。支那は抗日のやむをえざる理由を滔々と述べ立てて国民を団結せしめている。

と言うのである。

石川のこの作品のなかの日本軍人の右の言葉は、中国の宣伝上手なるものが、実は、時の権力者の、類い稀なる政治的意欲と行動から、あるいは体制そのものから出てくるものという見方にたっている。

こうした見方は、第二次大戦後も、改革と開放路線を取る以前の中国を訪問した日本人作家によって、しばしば指摘されてきた。たとえば一九五〇年代に中国を訪問して『赤い国の旅人』(3)という紀行文を書いた火野葦平(一九〇七―六〇)は、北京でメーデーの式典に参列した感想をのべる際、「あまりのすばらしさ」に圧倒されたと言うと同時に、こうした雰囲気は、「偉大な英雄の絶対的存在がつくりだしている幻想」であると述べているのである。

しかしながら、小説『北京』においては、こうした中国の宣伝上手といった性質を特定の政治体制や政治思想のせいにせず、むしろ長年の間に培われた国民意識のせいにする見方が現れている。すなわち、中国には、権力者と民衆との間に、嘘と真との関係についてある種の偽善が当然視される伝統があり、それが口上手や宣伝上手に結び付いているという見方である。こうした嘘と真との境界線が曖昧となってゆく過程を、阿部は、スパイ活動を例にあげて、『北京』の中で皮肉たっぷりに次のように描写する。

Aの国からBの国に、諜報機関を送る。まづわざとAの王の怒りに触れて、国を逃げ出した、といふ形にして、土産に、Aの国の秘密――実は嘘の秘密、を持つてゆく。そしてBの王に取り入つて、その秘密を探つて来させようとする。するとその使は、Bの王の信任を得て、成功する。そこでAに帰らうとするが、〈待てよ、今帰つてB国の秘密を報告すると、こいつBの国とすでに内通してゐるのぢやないか、と疑はれて、殺されるかも知れん。〉と考へる。そこで、いつそ、今度はBの王と実際に内通する。で、Aに帰る。――この順序を何度も繰りかへすうちに、何が何だか分らなくなる。そのうち、その何段目かの裏切の途中で、殺されてしまふ。――この裏の裏のその裏の裏のからくりが分らなけりやあ、支那で仕事が出来るものか。

■二つの偽善

しかし、こうした「偽善」が社会的な風習にまでなってゆくのは、文化的な意味での国民性のせいとは言い難い。むしろ、異民族支配や王朝の交替にともなう過去との断絶あるいは過去の否定を政治上の理由から強調せんとすると、どうしても過去をひきずらざるをえない社会的現実と、新しさを誇りたい政治的思惑との間に齟齬ができやすいという、中国の歴史に由来するものと考える方が自然であろう。

現在の中国が、日本との関係において、日中戦争の「過去の歴史」認識に敏感であり、とかく日本との間に軋轢が生じやすい一つの理由は、過去の否定の上にこそ成り立ってきた共産政権の「偽善」と、第二次大戦前と後との連続性と継続性についての日本側の「偽善」がマイナスの相乗効果をおこしていることにもよるのではあるまいか。

3　佐藤春夫『風雲』から見た中国

叙情詩人として名をなし、後に小説家としても文壇で重きをなした佐藤春夫（一八九二―一九六四）は、自己の中国旅行体験をもとに、中国大陸を舞台にした小説『風雲』[1]を書いた。この作品の一節に次のくだりがある。

幸鴻銘の言ふには、一たい支那には現に三つの支那がある。新らしい支那、旧い支那、さうして本当の支那。お前たちのは新らしい支那で、さうして私を旧い支那と思つてゐるだらう。だが私のは本当の支那なのだ。お前たちは西洋の真似をしたがつて、そんなものを頸のまはりへぺらぺらさせてゐる。だがみろ、おれのネクタイはこれだ。彼はかういつて辮髪を見せたのだ。民主主義だの共産だの、やれ飛行機だのと、そんな子供だましが何になるのだ。本当の支那を見よ。精神主義の支那……

■「西洋体験」の違い

右に引用した一節は、日本と中国の連帯意識をかき立てるものとしての「西洋体験」とそこからくる苦悩やいらだちを描いている。しかし、良く考えてみると、この一節は、実は、日本と中国との、近代化をめぐる共通点もさることながら、相違点をも暴き出している。それは、西洋化をめぐる社会と個人の関係である。

佐藤の小説に登場する中国人の老人は、その表面的な西洋化批判にもかかわらず、じつは本人はスマートな人物であることが暗示されている。このように西洋化され、スマートな中国人は、日本人に軽い衝撃を与えた。

日本は、社会全体の近代化、西洋化へまっしぐらに進もうとしていたが、個人、個人のレヴェルでは、スマートに西洋化した個人は少なかった。西洋は、日本人にとって「遠い」存在であった。けれども、十九世紀の中国は、香港、上海をはじめとして、植民地化、あるいは半植民地化されていた場所も少なくなく、そこで西洋人、西洋文化に直接深くかかわってきた中国人のなかには、いたって「西洋化」したスマートな人たちもいた。そうしたスマートな中国人の存在は、日本人をいささか驚かせた。古くは日清戦争時、日本の海軍士官と接した清国の士官が、ほとんど留学体験をもち、英語を流暢に話し、日本人士官に対してあたかも外交官の如く振る舞っている様子は、国木田独歩の『愛弟通信』(2)にも描かれている。

また、先ほどと同じ佐藤の『風雲』の中に、次のような描写がある。日本人主人公が、北京に列車で到着し、中国人（文中で「彼」ないし「田」と言われる中国人）の出迎えを受ける場面である。

彼はつかつかと大股で改札口へ出て来た。彼はまづ私の手を、それから村松の手を執つた。私は人と手を握り合ふ習慣はない。さういふ場合には私は自分を東洋人だと思ふ。いつも気おくれがする。だが、この場合だけは特別だつた。田に対する友情のせゐではない。彼の態度の自然に釣り込まれたのだが、きつと上海ではふだんさういふ真似をするのだらう。

こうした、中国人個人や特定の都会の「西洋化」したスマートさは、日本人をして、中国との間に（西洋化との関係で）連帯意識よりも、むしろある種の距離感を感じせしめるものであった。国家なり社会全体として、日中間に連帯意識がそれほど育たなかった一つの要因は、こうした、中国人の個人としてのスマートさも影響していたといえよう。

■中国の悲劇

しかし、こうした、個人としてスマートな中国人の存在に、どこかコンプレックスを抱いた『風雲』の日本人登場人物は、別の場面では、中国人の西洋的スマートさの背後に、「西洋人」によって痛めつけられたが故に「悪賢く」ふるまうようになった中国の悲劇を感じるのであった。

それは、この小説のなかで、ホテルに泊まった日本人が、多額の金銭を盗まれた事件についての顛末のなかで描かれている。金を盗まれた日本人は、中国の警官も頼りにならないのを見て、結局、西洋人のホテルマネジャーと弁償の交渉をするが、この男は、前言をひるがえしてらちがあかない。

盗難損害の賠償の件は、

「そんな事を申し出たことはない」

と驚くべく白々しい食言で至極簡単明瞭にすまされてしまつた。現在直接それを聞いた人間が二人までゐる面前で平然として食言する程の相手に我々は二の句もつげないで白ちやけた毛髪を少しばかり頭にいただいた馬面の巨漢の鈎鼻に感心してつくづくと見入つたまま毛唐人といふ奴をアッサリと軽侮した。

「これです」さすがに温厚な谷氏が言つた。「こんな連中に一世紀もいろんな方法で毎日々々いぢめられてゐたのでは中国の蒙昧な民衆の性格も相当複雑にならざるを得ませんからね」

ここでは、中国人の西洋的スマートさの背後に、西洋によって半植民地化され、ごまかされてきた中国は、スマートになることによってのみそうした状況を生き抜くことができたという事情が暗示されている。

日本と中国を時として引き離す効果をもった、中国人のスマートさの背後にあったものを理解しておくことは、現代の中国を考察する上でも重要である。なぜなら、そうしたスマートさは、西洋を吸収しそれに同化するためもさることながら、むしろそれに抵抗し、自らを守るためのものでもあったからである。

4　石川達三の小説に見る中国像

日中戦争について『武漢作戦』など多くの戦記ものを書いた石川達三の小説には、そこここに、いわば断片的ながら、中国と中国人についての日本人の感じ方、見方が顔を出している。

■宣伝上手と大義名分

一つは、中国は宣伝上手であるという見方である。

「そこでだ」と隊長はまた煙草を咥えなおして語りつづけた。「戦争は支那の方がうまいな。日本は勿論強いが、国民に対する宣伝なんか成っとらん。支那は抗日の已むを得ざる理由を滔々と述べ立てて国民を団結せしめている。日本は抗日をやっつけると言う事はしきりに云われてるが、なぜ抗日がいけないか、その理由はちっとも言わん。」

（『武漢作戦』）

こうした、中国人の宣伝上手という見方は、日中間の案件が、中国によって国際連盟に持ち出されたときなども、日本側でよくつぶやかれたといわれている。しかし、それは、はたして、中国の「宣伝上手」を証拠だてるものなのかには疑問がある。すなわち、中国の宣伝上手という、やり方の問題よりも、むしろ中国の主張には、理屈や大義があり、日本の主張には大義がなかったせいだったかもしれないのである。現に、右に引用した石川の作品のなかで、中国の宣伝上手に言及した、日本軍の隊長は、その台詞をはく数分前につぎのように述べているのである。

「そうか。……戦争も同じだな、無理しちゃいかん。政治でもそうだ。日本の政治家は我儘でいかん。殊に政党がいかん。こんにち大戦争をしなければならんのは、政党政治の積弊の結果だ。政党政治が嘗て軍縮なんどをやりおったために、今になって慌てる事になる。毎年の軍事予算を削っておいて、いま急に四十八億の事変予算をくれたって、軍の整備はそんなに急にできるもんじゃない。軍部は政治の失敗したあとの尻拭いだ。つまらんな。こんな事を新聞に書いちゃ困るぞ。西田隊長がこう云ったなんて書いちゃいかん。しかし俺の云うことは本当だよ。軍縮と同時に外務省予算を四十パーセントも減らした事がある。あのころは吾々は電車に乗っていても蹴とばされたもんだった。外交は何もできやせん。外交が常におくれとるから軍部が先に立たなくちゃならん。

（『武漢作戦』）

ここでは、日本が戦争に訴えた大義名分については、全く言及されていない。単に、政治家や外交家の不徳、無能が嘆かれているだけである。中国の抗日に大義と理念があったのに対して、日本は、はたして、世界に「宣伝」すべき大義と理念を持って日中戦争を行ったのかが問われねばなるまい。

■個人主義

次に、『武漢作戦』では、日本軍の関係者が、食事の場所へ今で言うコンパニオンのような中国の若い女性を呼んでもらったときの、次のような感想が目をひく。

虹口で見かけた日本の女学生と比べて見て、この女もやはり事変のすさまじさから隔離された心をもっているらしい。母国支那を信じ上海の治安を信じているのだろうか。しかし私は別のものを感じた。女の不感症、国家や政治からかけはなれた心、一個の女性であり女性以外の何でもない鈍感な心ではなかろうか。いや、それ故にこそ事変の惨禍から独立した小さな花束であり得るのかも知れない。

ここでいう、「一個の女性」「国家や政治からかけはなれた心」という言葉には、良く言われる中国人の個人主義がにじみでているといえる。事実、中国人の「個人主義」という言葉は、日本人作家の作品にしばしば登場する。

上田広の小説『黄塵』(1)のなかで、柳という中国人と、彼を忌み嫌う別の中国人陳の二人を使っている日本の軍関係者は、二人の中国人があまりにもお互いに対立するのを観察して「同じ鉄道に身を置くとは言へ、柳は柳で、陳は陳で私たちが従来から軽蔑してきたのとはちがふ意味の個人主義の枠のなかに閉じこもってゐるのだ」と自らに言い聞かせる。

ここで言う「従来から軽蔑してきた個人主義」とは、利己主義という意味での個人主義にほかならない。それに対して、柳や陳の個人主義は、自己の主義、生き方、態度を周囲の人間関係故にあいまいにすることはしないということにほかならない。

中国人自身、阿部知二の『北京』のなかで、みずからが個人主義的であることを、誇らしげに語る。

> 国民政府の方針で、既往の事実以外には、一夫多妻を禁じられてゐるのだとはいひながら、一人の妻も持たないで、このやうな空気の邸内に住んでゐる王子明は、初めから大門にふしぎにおもはれたので、ある時、「どうして結婚されないのですか。」とたづねた。すると、敏感な子明は、大門の好奇心を感じて取つたらしかつた。「父は父です。僕は僕です。その方面では父に負けて

も仕方ありません。これも僕の国の、個人主義といはれるところかも知れませんね。僕は父に家賃を払つて、この家に住んでゐる一人の男にすぎません。父の生活と僕とは拘はるところありません。」

■大義と生存

こうした、個人主義、現実主義、そして金銭に敏感な現世主義と言った特徴は、実は、中国の民衆が、政治的動乱や経済的貧困といった現実の厳しさもあって、みずからの生存と生活を守ることにのみ専念せざるをえない状況に置かれてきたからではないか——そういった見方を、戦争との関係で、やや違った形ながら提示しているのが、村上春樹の『ねじまき鳥クロニクル[2]』の一節である。

戦線がどんどん前に進んでいくのに、補給が追いつかんから、私たちは略奪するしかないのです。捕虜を収容する場所も彼らのための食糧もないから、殺さざるを得んのです。間違ったことです。南京あたりじゃずいぶんひどいことをしましたよ。うちの部隊でもやりました。何十人も井戸に放り込んで、上から手榴弾を何発か投げ込むんです。その他口では言えんようなこともやりました。少尉殿、この戦争には大義もなんにもありゃしませんぜ。こいつはただの殺しあいです。そして踏みつけられるのは、結局のところ貧しい農民たちです。彼らには思想も何もないんです。国民党も張学良《ちょうがくりょう》も八路軍《はちろぐん》も日本軍も何もないのです。飯さえ食えれば何だっていいんです。私は貧乏な漁師の子だから、貧しい百姓の気持ちはようわかります。庶民というのは朝から晩まであくせく働いて、それでも食べていくのがやっとというだけしか稼げんのです、少尉殿。そういう人々を意味もなくかたっぱしから殺すのが日本の為になるとはどうしても思えんのです。

ここで、この戦争に大義はないと言っているのは日本軍の一員であり、表向きは、日本にとっての大義の欠如をのべているものである。しかしながら、実は、その裏に、この戦争が、多くの中国国民にとっても、「大義なき」ものであることを暗示している。なぜなら、多くの人々にとって、問題なのは、大義ではなく、生存だったからである。

日本軍の侵略はもとより、中国への冒瀆であり、物理的被害をもたらしたことは間違いない。しかし、それは、同時に、満足とは言えないものの、それなりにある種の秩序のなかに生きていた社会を大きく傷つけ、崩壊させた。そしてそこにこそ、(生存にのみ専念していた庶民からすれば)日本の侵略のもう一つの罪悪があったのではなかろうか。

5 田村泰次郎『肉体の悪魔』と中国

近代において、多くの日本人作家は、中国についての描写において、中国そのものの威信ともいうべきもの、あるいは、(日本人から見た)中国の権威、威風といったものに言及している。たとえば、尾崎士郎は、北京について、「北平の街はひっそりとした中に何か犯しがたいものを涵している」[1]という表現で、そうした中国の「威信」への漠とした感情を記している。

■中国の威信と民族的ひけ目

中国の「威信」に対するこうした日本人の感情は、もとより、長年中国文化、文明を吸収してきた日本の歴史とそれにもとづく中国への畏敬の念を反映したものであることは疑い得ない。そして、そうした畏敬の念の裏側に、中国へのある種の「民族的ひけ目」が存在したといえる。そのことを、如実に描いた物語の一つは、田村泰次郎(一九一一―八三)の著名な小説『肉体の悪魔』[2]であろう。この小説の主人公の日本軍の将校は、中国側の女兵士と肉体関係を持った後、その女に対して「民族的ひけ目」をもっていることを自分に投げつけるのであった。中国の女兵士が、日本軍将校との禁断の関係に精神的に苦しみながらも、肉体的に溺れて行く様は、将校の肉体的情熱を一層かき立て、がむしゃらに女の肉体を求めるのであったが、同時に、男は、つぎのように思うのである。

そういう私をやっとひきとめるのは、仲間たちの眼であり、また私たち兵隊の心身を縛る軍規という眼に見えぬ観念だったが、そのほかに私自身の魂の奥底にある君に対する民族的なひけ目、——それは普通の人々は優位として考えられるものであるが、——そのひけ目のためであった。君と私とがそういう仲となってからの、ときに君が見せるあの内心の深い憂悶を押えたような表情、——底知れぬ不安を湛えたような大きな眼、血の気を沈めた滑らかな皮膚の額に垂れかかる前髪のふるえ、——それを見ると、私は恥じないではいられなかった。

ここで、日本人将校が抱く「民族的なひけ目」とは、日本軍の中国侵略についての「ひけ目」ではない。もっと深い歴史的意味である。

歴史的意味とは何か。

それは、近代にいたるまで、長い間、中国は、日本にとっていわば教師であり、先導者であり、見習うべき大国であった。そこから来るひけ目を、日本は、中国に先駆けた近代化と国力の増大によって克服してきた——そういう意味に他ならない。いわば、近代化にともなう民族的誇りによって、ひけ目を克服したのであり、「優位」とは、近代化に基づく優位である。

しかし、今や、過去百年以上続いた、近代化の先導者としての日本の立場は、中国の「現代化」と国力の増大によって、弱まっている。そうした状況の下で、かつての民族的ひけ目を日本に再び感じさせるが如き中国の言動は、中国によるあからさまな力の誇示に他ならないと、日本人にみられがちになるのである。そこに、現代における日本の多くの人々の嫌中感情の温床の一端があるのではなかろうか。

■独自性と普遍性

ひるがえって、『肉体の悪魔』で言及された「民族的ひけ目」には日中関係をこえた、中国文明そのもの、あるいは中国人自身の中国観と関連した要素が含まれている。すなわち、そもそも、中国は、日本人のみならず外部の人々にある種の威信を感じさせ、畏敬の念をかきたててきており、それは、中国文化、文明の持つ独自性とまたその普遍性であり、かつまた、それが育まれてきた歴史の重みであるからだ。

このことは、たとえば、阿部知二の『北京』において、中国人の口を借りたかたちで、次のように語られていることにも反映されている。すなわち、一見西欧からの借り物のように見えかねない、近代中国における反体制運動も実は、「東漢の時代、南宋の時代の」「反抗的運動」と同じ伝統にもとづくものであり、「借り物ばかり」ではないというのである（『北京』七六頁）。ここでは、正に、中国の威信や威厳の背後にある歴史の重みの重要性についての認識が表現されている。

このように考えると、田村が、『肉体の悪魔』において、日本人将校の言葉として次のように書いていることの真の意味が浮上してくる。

私ははっきりといいきることが出来る。——君の肉体や感情は古い封建の中にあり、君の知性は現代にあったことを。君の内部にはそういう大きな断層があった。それは君だけのものではなく、中国の若い女性の、すくなくとも自分に誠実に生きんとする若い女性のすべてが、自分の内部の問題として苦しまねばならぬ宿命的な断層にちがいない。

ここで問題となっているのは、伝統と近代の相克ばかりではない。「古い封建の中にある感情」には、いわゆる封建的思想をこえた、中国人の数千年にわたる誇りと威信への信奉があったとみなければならないのである。

■誇りとひけ目

そうした中国人の「信奉」の故にこそ、日本人も、中国人に対して感情的になりがちになることを、田村は、その作品『黄土の人』(3)のなかで、マルキストであり、かつ中国を良く理解している男であるはずの前山という人物の心理をつぎのように描く形で、暗示している。

中共軍や、国府軍の俘虜あがりの宣伝班の工作員たちは、頭のいい連中がそろっているので、私たちに口ではうまいことをいっていても、心のなかでは、私たちをあざ笑っている者がいないでもない。南方戦域でアメリカ軍にじりじり押されてきている日本軍の近い将来の運命を予測して、ひそかに愉快がっている者も、彼らのなかには、きっといるにちがいない。前山自身は、大阪商大に在学中は、マルキストとして自認していたというだけあって、日本軍の組織や、行動に対しては、いつも仮借のない批判を下しているくせに、自分たちが使っている中国人たちに対しては、指導者意識を持っていた。中国人の立場を頭ではよく理解しているくせに、彼らが日本軍にすこしでも反抗心を抱くことを、感情の上ではゆるせないのだ。

日本人は、中国人に対して、こうした「ひけめ」が故に、時として感情的になるばかりではなかった。むしろ、そうした奥深い「誇り」をひめた中国の民衆の心に対して殊更に無理解と無関心を装い、それにすがることになりがちなのであった。そのことを、田村は、貧しい山西省の奥地に従軍した日本軍属が、その奥地の農村を描いた映画を数年後に鑑賞した際の感想という形で、次のように記している。

画面には、ほとんど姿を見せない土地の住民たちの顔を、私は思い出していた。長年の絶えまのない過労で、四十歳ほどで、すでに六十歳にも、七十歳にも老けて見えるような、表面猫のようにおとなしい、黙々としてはたらくことだけしか知らないような農民たちのしわだらけの顔を、私は瞼の裏に描いた。

その顔の深いしわのなかには、長いあいだに、吹きつけてくる黄塵がたまって、黄いろい皮膚の色と見分けがつかなくなり、乾いた仮面のように、表情のない顔になっている。その仮面の下にあるなまの顔を、私たちは気がつかずに、表情のない仮面だけを見て、相手を軽蔑したのである。感情の動きのすくない、動物のように愚鈍な連中だと思いこみ、私たちはのろまな動物をでもあつかうように、彼らをあつかったのだ。

老百姓《ラオバイシン》――日本軍にとって、この言葉は、なんの人格的な意味もなかった。（『裸女のいる隊列』(4)）

6 火野葦平『赤い国の旅人』に見る中国

第二次大戦中、従軍作家なみに扱われ、戦後批判をあびた火野葦平は、一九五〇年代に、中国へ旅行し、『赤い国の旅人』という作品を残した。この書の題名が示唆するように、火野が、共産主義に反感をもっていたことは否定できない。それだけに、この作品には、中国に対する冷静な観察が見て取れるともいえるが、同時に、共産中国というイメージに一見そぐわないような側面には敏感に反応している所がある。

そこへ、中国側の人が打ちあわせに来ているからという知らせがあって、また、全体会議をした部屋に行った。平和委員会事務局の唐明処さんを紹介される。例の工人服装だが、ものやわらかな痩せ型の紳士である。広東以来、ずっと私たちが会った中国人はいずれも共産主義者であり、闘士でもあるわけだろうが、例外なく温厚で人あたりがよく、どぎつさやものすごさなどは感じさせなかった。けっしてわざとしているわけでなく、自然に人柄が出ているだけで、中国人が大《タイ》人《ジン》の風格を持っていることをみとめないでは居られなかった。唐明処さんもそんな中国人の一人である。

■大人の風格

火野が、中国人に対して「大人《タイジン》の風格」という表現を使っていることは、共産主義中国においても、伝統的な中国の国民性が残っているというイメージを抱いたからにほかならない。いいかえれば、些細なことや表面的な違いに拘らない性格を表現したものといえる。

もとより火野は、共産中国が、元来共産主義に同情的ではない火野を受け入れた意味に鈍感であったはずはない。それだけに、火野が、心にもないお世辞をのべたはずもない。むしろ、自然に印象を述べたものであろう。

細事に拘らない中国人というイメージは、火野にかぎらず、多くの日本人作家の中国描写にみられる。例えば、芥川は、その中国旅行記のなかで、昔の死刑場所として知られ、旅行案内にものっているような草原で、中国のお婆さんたちが、昔のことなど全くかまわぬといわんばかりに、静かに草を摘んでいる姿をみて、「頗る悠々とした眺め」と描写しているが、ここにも、やや似た感覚が滲み出ている。さらに、上海の便所での日本人の体験を描いた金子光晴の次の文章は、より鮮明な形で、(日本人の中国観察の一面として)中国人の「こだわりのなさ」を浮き彫りにしている。

老人はやがて、唐紙を取り出し、ゆるゆると二つに折っては、折り目から裂き、またそれを折って、四枚にした。何気なくそれを眺めていると、四枚のうちの二枚を、静かに手をのばして僕のほうに差し出す。僕も、うなづいてそれを受け取ったが、僕は、まだその老人の姿と、難しく説明するほどの行為ではないが、知る知らぬを越えた淡々とした交換の現れに、中国人の心の広く大きいものを感じた。

(金子光晴『絶望の精神史』)

ここには、日中関係を考える上で、留意せねばならないある種の落とし穴が潜んでいる。それは、こうした「心の広さ」とか、「悠々とした」態度、細部にこだわらぬ「大人の」姿勢といった特徴づけが、その裏面に、中国人の、無表情、無感動、ふてぶてしさといったイメージを内蔵しているとみられるからである。いいかえれば、時として、中国人の大人びた態度の裏面として、ある種の無感動、無表情、そして、ふてぶてしさともいえる態度が現れるのである。

たとえば、夏目漱石の紀行『満韓ところどころ[1]』のなかで、漱石は、馬車にひかれたらしい老人が大ケガをして地面にうずくまっているのを民衆がとりかこんでいる場面を目撃する。「集まった支那人はいずれも口をきかずに老人の傷を眺めている」のだった。そして、老人本人は傷口をさらしながら「なんの表情もない」のである。

無感動な中国人

同じように、林房雄は小説『上海戦線[2]』のなかで、赤いちゃんちゃんこを着て、町の掃除をしている中国人を見た日本人は、その奇妙な風体に驚き、気味悪く感じるのだが、中国人の方は「ぜんぜん無感覚な表情です」と表現する。

こうした、無感動な中国人といったイメージを日本人の観察者が感じ取った理由の一つは、これらの体験が、なんらかの形で戦争や戦乱と結びついていた、あるいは、そういう時期のものであったためでもあろう。長い混乱、内戦、対外戦争に慣れてきた中国の人々が、そうした混乱や戦乱に対して緊張感、緊迫感をもたなかったとしても不思議ではない。石川達三の『生きている兵隊』[3]のなかで、日本の兵士が中国の兵士を見て「表情のない顔」「痩せた、どこか呆けた顔つき」を見出したのも、また、上田広の『黄塵』において、中国の兵隊を見た日本人の表現として、「戦争をやっているのは自分の国じゃないという風じゃありませんか」と述べているのも、戦乱に対して、日本人と中国人の間に感覚の違いがあったことを暗示している。

■小事と大同

ひるがえって、火野が感心した、「大人の風格」論は、別の落とし穴をも内蔵している。それは、中国の関係者がよく使用する文句「小事を捨てて大同につく」ということと関連している。

多くの日本人からみれば、この言葉は、些細なことにこだわらず、一致できる大きな方向へ共に進むことを意味すると見なされる。そのこと自体は間違いではないであろう。しかし、中国の関係者がこの言葉を用いるとき、そのなかには戦略的考慮がこめられていると考えるべきであろう。すなわち、戦略的考慮から、日中関係を強化すべきというのであれば、当面の問題は先送りするなり、脇において進むべきという考え方である。

一見もっともに響くこの考え方は、両国の関係をもっぱら国家間の戦略的関係によってのみ律しようとするもので、国民感情や心理を、国家が先導して誘導すべきという考え方にもつながるものである。そこには、政治優先の思想が内包されていることに注意せねばならないであろう。

■運命の影

次に、火野葦平の中国、中国人論のなかで目をひく点は、日々の生業に執拗なまでにしがみつく「人間くささ」である。ある奇術師の芸をみて、火野はつぎのように記している。

その奇術はあざやかで垢ぬけしていた。地面に伏せた小さい笠から兎や鳩を出したり、なにもないところに、突然、金魚が二匹およいでいるガラス鉢を出現させたりした。客が拍手し、金を投げてやると、にこにこしながらしきりにうなずく、そのしぐさも昔と変っていない。時世が、蔣介石のときでも日本占領時でも、共産政府になった現在でも、ただ生涯を芸一本にうちこんで生きているのにちがいない。次に、別の政府ができても彼の手品は変るまい。こういう執拗な中国人を見たときに、私はほんとうの人間に接したような気がするのだが、無論、こんな私の旅情や人間観が反革命的であることは百も承知している。

火野が、奇術師の中に「執拗な中国人」の性格をみた事は、別の角度から言えば、ある種の、変わることない忍耐心であり、日常的生への執着心を感じたことにほかならない。そのことを、夏目漱石は、大豆油の工場で働く労働者（苦力）の姿に託して、つぎのように言う。

彼等は舌のない人間の様に黙々として、朝から晩迄、此重い豆の袋を担ぎ続けに担いで、三階へ上っては、また三階を下るのである。其沈黙と、其規則くな運動と、其忍耐と其精力とは殆んど運命の影の如く見える。（『満韓ところどころ』）

ここで、漱石が、「運命の影」という表現を使っていることが、とりわけ興味を引く。この表現は、いわば、そうした忍耐心が、「運命的」に中国人に備わった性格ないし体質であるとの見方を暗示しているからである。

■人間臭さ

こうした運命論とも関連して、堀田善衛はその作品『祖国喪失』のなかで、上海に住む日本人主人公が、裏町を徘徊しながら自らに語るせりふとして、次のように言っていることが注目される。

花園の中でも忙しげに商談をかわしているらしい中国人の群や、テニスと羽根つきの間の子のような流行の遊びをしている若者などがいて、生き生きした風景であるに違いはなかったが、それも片隅にうちすてられた異邦人《ストレーンジャア》の眼から見れば、何となくうつけた遠いことのように思われる。けれども夜が来れば、これらの人々こそが最も確実なものの中へ帰ってゆくのである。彼らの商談も遊びも確実な生活という営みにぴったりとはまった事なのだ。

こうした、中国の街に漂う人間臭さは、人間のぬくもりや庶民の人情の暖かさといったものより、もっとぎりぎりの生活感とでもいうべき人間臭さだった。

言い換えれば、ある事柄なり仕事への執着や献身が、その事柄や仕事を越えた何かへの執着のせいというよりも、そもそも、忍耐なり執着なり情念そのものが、その人間の生活の中心をなし、その人間の内部からほとばしるような切迫感があることを暗示している。そうした切迫感を、村上春樹は、大学二年生の春にアルバイト先で知りあった無口の、中国人女子学生の態度として描いている。

彼女はとても熱心に働いていた。僕もそれにつられて熱心に働いたが、彼女の働きぶりを横で見ていると、僕の熱心さと彼女の熱心さはまったく質の違うものであるような気がした。つまり、僕の熱心さが「少なくとも何かをするのなら、熱心にやるだけの価値はある」という意味での熱心さであるのに比べて、彼女の熱心さはもう少し人間存在の根元に近い種類のものだった。うまく説明できないけれど、彼女の熱心さには、彼女のまわりのあらゆる日常性がその熱心さによって辛うじて支えられているのではないかといったような奇妙な切迫感があった。

（村上春樹『中国行きのスロウ・ボート』(4)）

このように、忍耐なり執着が特定の実用的目的や動機によるというより、そのこと自体が目的化してゆくという風潮は、おそらく、巨大な権力や、どうしようもない外部の圧力の下にひしめく大衆の、一つの生き方であったといえようが、それを以て、今日の中国にも残存する社会的性格といえるかどうかは慎重にみきわめねばならないであろう。

7　横光利一『上海』に見る中国と日本

近代日本文学のなかの中国観と言う場合、日本人が同じアジア人としての連帯意識をどの程度、またいかなる意味において、中国ないし中国人に対して持っていたかという側面も重要である。

■連帯意識の諸相

日本人が、中国人に対してもつ連帯意識は、一つには、人種的なものがあったのは当然である。

文壇における、いわゆる新感覚派の旗頭として、東西文明の相克に敏感であり、それを一つの主題として、小説『旅愁』[1]を書いた横光利一（一八九八—一九四七）は中国を舞台にした作品『上海』のなかで、登場人物の一人である甲谷という人物をして、「中国人と同じ黄色人種であるという意識のために、いつのまにか『共同の標的をヨーロッパ人に廻して快活になろうとしている自分を感じ』るのだった」と言わしめている。

しかし、そうした「同じ人種」という連帯感は、単なる同じ人種としての感覚的一体感にもとづくものだけではなかった。そこには、西洋の圧迫に遇い、あるいはその威勢に服している者としての共感があった。それは、阿部知二の『北京』のなかでは、つぎのような、日本人の行動の形で描かれている。

北京の街で、腕を組んで散歩してゐる毛唐の夫婦があつたとき、ある日本の武官が中を割つて追ひ越したのです。するとどうでせう、そこにゐた苦力や車夫がどつと喜んだんです。

このように、西欧への反発が、日本人と中国人を結び付けることがあったが、両国の知識人のレヴェルでは、西欧文明の波を前に己の文化を横に置かねばならないある種の悲哀が、共有されるという側面があったことも否定できない。

阿部知二の『北京』のなかでも、中国の知識人王子明と日本の友人との会話が、日本語だったり、英語だったり、あるいは北京官話だったりし、そうして会話を交わす者には、時として『故国を見失ひがちなインテリゲンチア』といふ感慨のさびしさが、ふと影のやうに、二人の間に流れこむのであった。

言って見れば、ここにおける、日本人と中国人との共感は、西欧文化の圧倒的な影響下で、日中両国の知識人が、いかにみずからのアイデンティティを再構築するかという重大な課題に直面していたことと裏腹をなしているのであり、ある意味では、日本人の西洋体験を描いた『旅愁』を中心に、横光利一の作品全体をつらぬくテーマでもあった。

■連帯意識の忌避

けれども、右に引用した作品『上海』における甲谷の感想の後に、甲谷が付き合っている「お柳」とよばれる女が、つぎのような反応を示していることに注意せねばなるまい。

するとお柳は唇のまわりを唾でぎらぎら光らして、ますます強く西瓜の種子を噛み砕きながら、「まあ、いつまでもきざったらしいことを云うんだろう」と云うように、にがにがしく横を向いた。

ここには、日中間の、あるいは人種的、あるいは文化的「共通性」を云々すること自体に対する反感や嫌悪感が暗示されているとみることができる。

しかも、歴史的事実として、日本外交の歴史をみれば、日中連係論は、ほとんど常に脇へのけられてきた。その一つの大きな理由は、十九世紀後半からの日本の台頭が、ヨーロッパを中心として、いわゆる黄禍論を生んだことである。

黄禍論抬頭の分岐点は、日清戦争であった。日清戦争で日本が勝利を収め、下関条約で遼東半島の割譲が約束されると、仏、独、露による三国干渉がおこなわれたが、その背後には、欧州諸国の持つ黄禍論的考え方があった。日本の中国進出は、欧州諸国の中国での利権を脅かし、いずれ、うかうかすると、日本と中国との連携による、欧州締め出しに発展しかねないという憂慮があった。

日本は、それに反発し、ヨーロッパに対抗するため、少なくとも当時においては、臥薪嘗胆の精神を養った。しかし、中国は、むしろ、ヨーロッパの介入を歓迎し、しかも、下関条約とあい前後して、ロシアと中露協定を結んで、満州の共同開発への道を開いた。いってみれば、中国は、欧州の勢力と妥協し、また、その勢力をある程度活用して、中国における列強の間のバランスを維持し、もって中国の地位の保全を図ろうとしたのであった。

こうした日中両国の対応の違いの裏には、欧州の黄禍論の背後に潜む、ある種の文明論に対する日中両国の感覚ないし見方の相違が作用していた。文明開化ないし西洋化の道に国をあげて取り組んでいた明治日本にとって、欧州の黄禍論は、日本の生き方自体に対する重大な挑戦と受け止められても不思議ではなかった。しかし、中国からみれば、ヨーロッパ文明の優位性といったこと自体に重大な留保があった。むしろ、中国文明のなかに、ヨーロッパ文明を取り込むことができると考えるのが自然であった。

こうした日中間の考え方の相違が、両国の対応の差を生み、それが同時に、日本と中国との連携論に水を差す一因となったのである。そして、このような日本の対応は、裏を返せば、黄禍論を前にし、それへの対策として、内にあっては自らを近代化し、外に向かっては、中国との表向きの連携を控えるという外交戦略をとることにつながったといえる。

そうした日本の姿勢は、明治のかなり初めのころから観察される。たとえば、一八七一年に結ばれた、日清条約の第二条に関する、日中両国の考え方の違いにも反映されている。

この条項は、同盟とまでは行かずとも、ある種の軍事的協調路線をとりきめたもので、第三国によって日中いずれか、または双方が不公正な扱いや侮辱を受けたときには、相助けて事にあたる、との趣旨の条項であった。この条項は、もともと中国側から提案されたものであったが、日本側は、こうした条項を日中間の取り決めに入れることには消極的であったが、それは、日本と中国が欧州諸国などによって一体化したものと見られることを極度に警戒したためと言われている。また、日露戦争を前にして、中国と連携すべしとの考えが排除されたのも、ロシアとの戦いが人種的なものと見られることを警戒したという要素があった。

そして、そもそも、日本が、日英同盟を結んだ背景の一つは、「白人国家」と同盟を結ぶことにより、黄禍論に対抗しようとしたという要素があった。この点は、当時の在英国林大使が、日英同盟の効果に関して、ロンドンから東京へ送った意見具申の一部としてのべた次のくだりにも明確に表れていた。

第二　黄禍論を鼓吹し、以て日本に対抗する欧州同盟を作らんがため、目下重に露独両国人に於て計画中なる奸譎《かんけつ》の陰謀は確かにこれを打破するを得べし。

第三　同盟の結果として、日本人とアングロサキソン人種（英米人）との間に増進すべき同情は、日本労働者を異人種たるの故を以て英国植民地又は米国より排斥せんとするの口実を漸々消滅せしむるの効果あらん。此の人種問題たるや、若しこれを今日の儘に放任せんか、恐らくは将来重大なる紛糾を生ずるに至らん。

このような、「黄色」を薄めようとする日本の外交姿勢は、中国との「黄色」の協調や連携にはマイナスの効果をもったのだった。

そして、これら全ては、黄禍論への対策をはるかにこえて、「白人」の専横を戒めようという日本の対外姿勢の源流を作っていった。そのことは、日露戦争当時に書かれた、森鷗外の次の歌に余すところなく吐露されている。

黄禍《くわうくわ》

明治三十七年八月十七日於張家園子(2)

勝たば黄禍　負けば野蛮
白人ばらの　えせ批判
褒《ほ》むとも誰《たれ》か　よろこばん
謗《そし》るを誰か　うれふべき

黄禍げにも　野蛮げにも
すさまじきかな　よべの夢
黄なる流《ながれ》の　滔滔《たうたう》と
みなぎりわたる　欧羅巴《よおろっぱ》

見よや黄禍　見よや野蛮

誰かささへん　そのあらび
驕奢《けうしゃ》に酔《よ》へる　白人は
蝗《いなむし》襲《おそ》ふ　たなつもの

黄禍あらず　野蛮あらず
白人ばらよ　なおそれそ
砲火とだえし　霖雨《ながあめ》の
野営のゆめは　あとぞなき

いずれにしても、日本と中国は、近代化ないし西洋化をめぐって苦悩を共有しつつも、同時にその浸透度と様態の相違から、かならずしも連帯感を強めることにはならなかった。それどころか、日本が中国より先に、かつ成功裏に近代化の道を歩んでいることに対して、中国では一方でそれから学びたいとする者もいたとはいえ、他方では、日本の近代化の不完全さを看破し、むしろ日本から距離をおこうとする者も少なくなかった。

内戦の続いていた頃、市中の混乱を避けて西洋人の作った天主堂に避難した中国人は、治安を維持しようとする日本軍の動きを別に歓迎するわけでもなく、西洋人も、日本の進出をむしろ迷惑がっており、そうした状況下での日本の軍関係者の微妙な立場を、石川達三の小説『武漢作戦』は、次のように描いている。

難民たちの不安におびえた目に見送られて憲兵たちは天主堂を出た。野砲を五、六門もならべてこの教会をこなみじんにこわしてやりたい気持であった。いかに多くの外国が日本を憎んでいるか、いかに彼等が支那を良い餌食として、日本の進入をきらっているか、憲兵たちは心がきびしくなるほどそれを九江で感じさせられた。日本がただひとり憎まれっ児で、みなから虐待されながら懸命になってひとり生き抜こうとする姿が思われて、胸が堅くなる気持ちであった。

■断絶感

右の文章ににじみ出ているように、日本人は中国で、ある種の断絶感を感じさせられた。そして、こうした断絶感は、近代化しつつある日本が、実は欧米諸国によって「軽蔑」され、それが中国において露骨に現出していることによって、余計深まってゆくのであった。

横光利一の『上海』に登場する日本人の主人公は、日本と西洋とが確執する地の中国であるが故に一層感じさせられる孤独感、断絶感をつぎのように胸に秘めていた。

宮子はテープの波を首と胴とで押し分けながら、ひとり部屋の隅で動かぬ参木の顔へ眼を流した。ドイツ人を抱くアメリカ人、ロシア人を抱くスペイン人、混血児と突き衝るポルトギーズ。椅子の足を蹴飛ばしているノルウェー人。接吻の雨を降らして騒ぐイギリス人、シャムとフランスとイタリアとブルガリアとの酔っぱらい。さうして、ただ参木だけは、椅子に頭を肱をついたまま、此のテープの網に伏せられた各国人の肉感を、蟇のように見詰めてゐた。

満州問題をめぐって国際連盟を脱退し、国際的に孤立し、さりとて勃興する「ヤング・チャイナ」と協調路線を取ることもできずに、日中戦争の泥沼に入り込んで行った日本の背後には、近代化をめぐる中国と日本との相違からくる心理的背景と、また、それが故に日本が西欧諸国との間で感じねばならなかった苦痛と孤独感が横たわっていたのであった。

横光利一の『上海』のほとんど全編に漂う、ある種の孤独感と断絶感は、まさに、帝国日本が、内深く抱いていた孤独感、断絶感であり、また、中国は、日本にとって、そうした断絶感を、嫌がおうにも感じさせる場所だったのである。

8 近代日本人洋画家の「描いた」中国
――石井柏亭・梅原龍三郎・岸田劉生・藤島武二・藤田嗣治・向井潤吉・安井曾太郎――

いわゆる知識人や文学者と違い、画家が描いた中国、あるいは見た（みずから描いた）中国は、中国の画壇、画風、さもなければ、（画家の目から見た）中国の景色や風俗についての感想や見方を反映したものとなるのは当然であり、そこでは、知識人はもとより文学者と比較しても（知性もさることながら）感性によってとらえた中国あるいは中国人の特徴が中心となるのは当然であろう。また、画家の抱く中国像は、文章の上のみならず、その描いた絵画の中に込められている場合もあろう。ここでは、日本人画家として、中国へ旅行し、また中国あるいは中国人に関連する画を描いた画家として、石井柏亭（一八八二―一九五八）、梅原龍三郎（一八八八―一九八六）、岸田劉生（一八九一―一九二九）、藤島武二（一八六七―一九四三）、藤田嗣治（一八八六―一九六八）、向井潤吉（一九〇一―一九九五）、安井曾太郎（一八八八―一九五五）を例にとって、かれらの中国観（あるいはむしろ中国人観）を見てみたい。

■ロマンの投影

文人や詩人以上に、多くの日本人画家にとって、中国は、古い文化と伝統に彩られたロマンの国であった。石井柏亭は、上海の公園を散歩しながら、画題になる風景をみつけて次のように語っているが、そこには、石井自身が最後に示唆しているように、過去の中国のロマンチックなイメージを密かに現代の中国に重ねあわせる心理が働いている。

ここには排日の風も吹かず、私は花壇の芥子《けし》の花と草とりの支那女とを手帳に留めた。陣笠のようなものを被る法租界の安南巡査の風は甚だ画的である。カーキー色の服を着たのもあるが、私の喜ぶのは紺服の方である。どうにかしてあれをモデルに頼む便宜はないものかと考えて居る。辻に立って棒もつ片手を鷹揚に挙げた所は頗るよい。あの陣笠は何故ともなく私をして半世紀ばかり前に東洋へ来た外国画家の画報を連想せしめる。(1)

こうしたロマンは、中国の風景や町の人物のみならず、時として、絵画のモデルとなった中国人女性の肉体の官能的姿に投影された。石井の描いた中国婦人像『梨花』のモデルについて、石井自身つぎのように語っている。(2)

私は梨花《リーファ》と云う女を壁際に腰掛けさせて其半身を写した。やり手のような婆様が出て来て、画きかけにも拘わらず何とか彼とか評するのを煩《うるさ》いと思う。女は肉付きがよくがっしりして、笑う時深い靨《えくぼ》が出来る。羅紗《ポプリン》の衣衫《イシャン》が或処は光り或処は暗くなる、それによって乳の高まりが示される。

こうした「支那の女」への官能的イメージの投影は、藤島武二の著名な絵画『匂い』にもみられる。この絵では、顔の表情、腕、胸の描き方、そして何よりも、題名の『匂い』という言葉が、この絵全体に官能の匂いをまきちらしている。同じような画材と官能的描き方は、梅原龍三郎の絵画『姑娘とチューリップ』にも感じられるが、梅原自身、中国の女性について次のように語っていたという。[3]

北京の興味の一つは女の美しさだ。つまり、顔立ちが良くて服装が面白く、今日の日本の女性はそう描きたくないが、北京の女は非常に描きたくなるのが多い。

ここで、梅原が、「今日の日本の女性」を比較の対象にしていることに注意すべきであろう。ここには、あきらかに「今日の日本の女性」には、伝統美も近代美もなくなりつつあるという暗黙の批判がこめられ、それに対比して中国女性の女性らしさへの愛着が見られる。

こうした、日本人画家たちの中国女性への傾倒の故に、画家たちが中国を以て「過去の栄光を抱えながら今は衰退をたどった国とみなし、同時にその過去には強い憧憬をいだいている[4]」証左と見るべきかどうかは、議論のわかれる所であろう。しかし、近代日本における中国へのロマンの投影には、それ以前の対中憧憬と異なって、衰退する中国と過去の栄光との落差にその原因の一端があるという

藤島武二『匂い』
東京国立近代美術館

梅原龍三郎『姑娘とチューリップ』
東京国立近代美術館

考え方は留意すべき点を含んでいるといえよう。なぜならば、藤島武二は、彼自身、次のような感想を残しているからである。(5)

フランスがかつてアルジェリアを征服した時に、その頃の画家が、盛んに彼の地に渡航して、アルジェリアの風景や風俗を画くのが、その頃の流行のようになっていて、彼地の風景、風俗、戦争等を題材としたる有名なる画家が続々として、輩出しています。即ちドラクロア、ドカン、マリラ、フロマンタン、ギィヨメ等、盛んに東洋趣味を鼓吹して、当時の仏国画壇に、一種のモードを作った傾向が見えます。熱帯地方の強烈なる光線や色彩といったようなものが、当時の仏国の画壇に、大なる刺戟を与えたことが見られます。

■近代化の遅れとひずみ

画家たちが抱いた、中国に対するある種のロマンとその投影は、日本の大陸進出や植民地支配、あるいはそれに類似した政治的野心と裏腹になっていたというよりも、むしろ、中国の近代化の遅れにともなう、「汚さ」や不潔さが、かえって、別の面で伝統的「美しさ」を目立たせていたせいであるともいえる。そのことは、向井潤吉が、一方で、北京の北海公園の風景を「まるで極楽のパノラマのような或る甘ったるさを思わすものである(6)」とか、「支那独特の色彩のその大観に適する効果や構図の妙が、極度に昂揚されて、到底吾々の筆舌の及ぶ所ではない[7]」と形容する一方で、中国の市街一般について「あの驚くべき猥雑さと混迷さ」と言い[8]、また、「支那人の奇岩怪石趣味[9]」に悩まされるなどという点を、ほぼ同時に述べていることに現れている。

こうした傾向は向井だけではなく、石井にも見られる。石井は、上海の城内の様子について「何しろ色彩は豊富である」と言いつつ[10]、すぐその後で、「建物は全て粗悪」と述べ、友人の住んでいる英国租界の小路を、名前だけ洒落た名前をつけながら実際はあんまり奇麗ではない、と断じている[11]。

こうした記述や印象は、見方を変えれば、中国における美術界の近代化が、中国の伝統によって実は阻害されているという見方につながっているといえる。現に、岸田は、中国人の描いた裸体画を論じた文章のなかで、中国人は特有の「アク」が抜けず、「日本人や、フランス人の様な器用な軽い芸当は出来ない様に思ふ」と言う。すなわち、「欧風になり切る、器用さや融通さを持たぬ」とする[12]。そして、中国の伝統的秘戯画を評して野蛮味が残っているとする。しかも、岸田は、また、この「野蛮味」という表現を中国の油絵の一般的特徴として、数度に亘り用いている[13]。

また、藤田嗣治も中国の芸術一般について不器用という表現を用いている。藤田は、その随筆集のなかで中国人の根気のよさや綿密さの裏に不器用さがあるとして、「不器用なことを特長とする中国の民俗美術工芸」と表現しているのである[14]。

さらに、不器用さの裏には、中国人の自信と、ひとりよがりがあった。岸田は「中国人といふ人種

岸田劉生『支那服着たる妹照子之像』
ひろしま美術館

は中々自信が強い」とし[15]、また藤田は、「(中国人は)日本人ほど欧米の文化を尊重してはいない。中国の服、中国の靴、中国の食事、中国の住宅等を見ると自国のものを尊重していることがよく分かる」という[16]。

こうした見方は、もとより当時の中国社会が日本に比べて「近代化」あるいは「西洋化」されていなかったことに基づいてもいるが、同時に、中華文明に対する中国人独自の自負が感じられ、またそれこそが、中国の近代化を妨げる要因の一つとなっていることを、美術の観点から感じ取ったものと見てよいであろう。

■近代化の醜さの裏にあるもの

このように、中国人の特性は、近代化の阻害要因とみられることがしばしばであったが、同時に、ある種の性格は、むしろ、画家たちにとっては、中国人の長所と映った。

たとえば、不器用さは、中国人の自分自身の文化に対する自信の強さと連動し、その意味では近代化の阻害要因ではあったものの、他方、「人に見せてもみせなくともいゝといふ所から来る味」[17]につながっていた。そして、岸田は、中国の民芸品について「不器用でゐながら、いやな意識や、工人的いやらしさや、気取ったしかも低級な趣味」がないとほめ、不器用さ故の工芸美術の美的伝統の存続を評価している。

こうした評価は、「中国人はその各々の生活に安んじている民族性を有って」おり、[18]したがって、中国を日本がなまじ西洋化、日本化しようとするのはいただけないという藤田の論議に通じるのであった。

■コスモポリタニズムと混在の調和

藤田はまた、東京と北京を比較して、北京の方がはるかに建物と周囲が調和していると言い、古いものと新しいものが北京では東京とくらべ調和した形で存在しているという趣旨の論評をしているが、これは、ある意味では、中国文明が、外の文化を吸収、包容して、それをむしろ中国化してきた、その多面性を暗に示唆したものとも受け止められる。そして、藤田は、上海のフランス租界の、しがないイタリー料理店で、アルゼンチンで写された藤田の写真が飾られてあるのを見て、「上海はさすがにコスモポリタンである」と感嘆しているが、[19]そこには、近代化と伝統との亀裂といっても、日本と中国とではやや違った形相を呈していることが暗示されている。それは、ある意味で、中国においては、各種の要素の混在が不思議とどこかで調和していることを意味している。そうした感覚は、無錫の泥人形についての、石井の次のような感想にも間接的ながら秘められているといえる。[20]

色彩はなかなか華麗だ。私も其幾つかを土産に買った。女が乳を露わして居るのを当世風に作ったのは挑発的でいや味である。型から脱いたばかりの柔い泥人形を筵をも敷かずに直に往来端へころがしてあるのは暢気《のんき》なものだと思う。

こうした、混在の中に潜む調和の存在を、風景を見る視座ないし距離によって感得したことを、向井は、北京郊外の万寿山離宮を訪ねたときの感想のなかで、次のように叙述している。(21)

湖心まで漕いで来て、何気なく振り返えると、仏香閣、排雲殿を中心として左右に拡がる、心憎いまでにシンメトリカルな構成美が、ふと胸にふれた。僕はもう一度眺めた。すると距離と云うものの不思議な力は、他の一般支那建築に見らるると同様、この万寿山のあくどい設計や脂ぎった趣向や小細工づくめの技巧を追追と単化し清麗化し天上化して、ただ巨大な歴史的遺物に讃辞を捧げれば足る事を教えてくれるのだ。

そして向井は、この散策の最後に、中国を見る視点のありかたについて次のように結論づけている。(22)

支那の景観の好さは、小賢しい批評や、生半可な知識や瞥見では到底判るものではないのだ。深く歴史を知り、複雑な生活に触れ、長い時日とそして愛情を持って見なければ、それは結局、支那を冒瀆する以外の何ものでもない事に落ちる。

9 軍国主義のかくれた賛美?

最後に、多くの批評家や研究者が、日本人画家の描いた中国の風景や人物に関して、日本軍国主義の象徴的表現とみなす論評を行っていることに触れておかなければならないであろう。たとえば、一九三四年に発表された、安井曾太郎の著名な作品『金蓉』は(モデルは、中国在住だった日本女性)、藍色の中国服をまとった女性を描いたものであるが、これについて、日本が、女性化された中国を、軍事力をもって制圧しようとした行為を、美的に再解釈した行為とみなすこともできるという論評がある。(1)

もとより、この絵に、いわゆる欧米のオリエンタリズムの日本化(すなわち、西洋の植民地あるいは半植民地の対象となった国を、西洋の、いわば見る方の都合次第で、美化したり、醜悪化したりする傾向を、日本が中国や朝鮮に対してとりいれたもの)と見なすことは可能であろう。しかし、日本と中国との長きにわたる伝統的関係を考えるとき、また、日本婦人の多くが、当時いわば自然に中国服を着用していた事実を考えるとき、安井の絵画を、軍国主義や植民地主義と直接むすびつけることは、問題であろう。薄いピンク色を基調とし、一切のモノを省いた背景は、前に座る女性の体に焦点をあて、この絵が肖像画である

安井曾太郎『金蓉』
東京国立近代美術館

ことを強調する効果を出しており、そこには、日本的な要素も中国的要素もない。モデルが中国服を着用していたのは、それがモデルの日常生活の上の服装だったからにすぎない。むしろ、注目すべきは、中国服の色彩の鮮やかさと、裾からはだけた裏地の色と服そのものの色との間の調和のとれたコントラストであり、そこに、向井が、万寿山で感じた、中国的な混在の調和の姿に似たものを安井が感じとったとみることもできるのではあるまいか。

画家は、画題、色、形や姿に精神を集中すればするほど、周囲の政治状況とは無縁となる。戦争画を多く描き、第二次大戦が終わると戦争協力者の烙印を押され、結局フランスに安住の地をもとめた藤田は、日中戦争の前線を視察しながら、「私は空の色、水の色、池の色を頭に押し込んで忙しかった」[2]、あるいは、「戦線に居る兵隊さん諸君の顔の色も分かった」[3]として、戦争画を描くことへの自信がついたとの趣旨を漏らしているが、まさに、戦争は、藤田にとって、一つの画材にすぎなかったのであり、そこには、中国も日本もなかったともいえるのではあるまいか。

いいかえれば、多くの画家たちにとって、中国は、西洋と日本の間にはさまった日本人画家が、そのいずれをも脱却して新しい境地へふみこむための触媒となったともいえる。藤島武二の、次の言葉は、このことを、含意している。

西洋画の材料を駆使して、西洋臭味を離れたものを描こうとしている。時代の風俗や調具などには一向無関心である。近代絵画にはそうした考証は必要としていない。同時に東洋とか西洋とかいう観念を撤回するのが私の年来の主張である。(4)

歴史的視点にたった新しい中国観を育てるために
——結びにかえて——

二〇〇〇年に近い長い歴史のなかで、日本が中国をどう見てきたか、中国にどう対応してきたかを考察してみると、そこから、未来にむけて日本として「新しい中国観」を育てるための、素材あるいは要素をくみとることができる。そうした要素に、現代的意義を付与して、「新しい中国観」形成への触媒となりうる要素を幾つか挙げて見たい。

■政治的権威の源としての中国

古代において、日本の支配者であった卑弥呼や、いわゆる倭の五王にとって、中国は、みずからの国内における権威を確立するための、いわばお墨付きを得るところであった。卑弥呼や倭の「王」たちが、中国の官位を授与されていたことは、何よりもこのことを証拠立てている。

また、足利義満が、明朝に対して「臣」と自らを呼称したことも、自分の政治的権威を高めるために、日本国内において天皇なみの扱いを受けようとしたことと相俟って、中国からもきちんと認知されていることを示そうとしたものと解し得る。

さらに、秀吉ですら、来日した明使の接遇にあたって、みずから明の冠服を着用したことにあらわれているように、中国の伝統的「権威」を尊重することによって、みずからの新政権の権威を高めようとした。

第二次大戦後においても、「進歩的」文化人や政治家を中心に、革命を成就した中国を、ある種の政治的権威の対象として見る人々が相当数存在した。

今後中国が大国化すればするほど、中国の「覇権」に対する警戒心が増す一方で、「中国にも認められた」政治家なり実業人であることが、それらの人々の国内における権威を（本人たちの意識の有無にかかわらず）自然に高めることは、充分考えられる。

そういう状況において、日本としては、中国の「政治的権威」に歴史的に長く従ってきた、朝鮮、韓国、蒙古《モンゴル》などが、大国中国にどう対応するのかを見極め、そして、それらの中国周辺の国々に（いわば中国と競争し、対抗し、あるいは協同して）どう対応するのかが、大きな課題となろう。また、その過程で、日本人の嫌中あるいは厭中感情が、より隠れたものとなり、その結果、日本国民の中国に対する表面的態度と深層心理との間に溝ができ、日本の対中観にある種の偽善が生じることも考えられよう。

現在、大国米国と深い関係にある日本の対米観に、ある種の「偽善」が感じられるとしても、やや似た「偽善」が、大国中国に対する日本の態度に生ずることは、(近い将来ではないにしても)長期的には有り得ることであろう。すなわち、中国の権力、権勢ないし国力への配慮に基づく対中「親近感」的感情と、中国の政治的・文化的権威の発揮に対する自然な反発の双方を、日本の国民感情の上でどう調整するかが問題となる日のことを今から考えておかねばなるまい。現に、豪州等では、既に、貿易・投資面で、豪州が対中依存度を高め、「親しくなる」必要のある相手の中国が、文化面や政治的価値観の面で豪州社会と大きく違うことからくる異質感、違和感をどう調整するのかは、そのこと自体、既に大きな社会的・政治的問題として登場していることに留意せねばなるまい。

こうした問題に対処するには、先ず以て日本国民の対中感情あるいは態度が冷静なものであること、そしてそのためには、中国の歴史、文化、社会的体質などについて日本の、国民レヴェルでの対中理解が深まっていることが何よりも必要であろう。

■「権威」の源流としての中国文化

中国の政治的権威の高まりは、単に、軍事力や経済力のせいばかりではない、そこには、(陸奥宗光が言った)「中国の積威」、すなわち、悠久の歴史と文化による権威が関連している。ここに、中国のいわばソフトパワーの強さが宿っている。

現在、日本の若年層は、文化的あこがれの対象として中国を見ておらず、また中高年層も、かつてのように、漢詩や中国の古典に造詣の深い者は多くない。それだけに、現在の日本の中国観は、いわば欧米の中国観と類似している面が多い。けれども、今後、中国文化についての知識と造詣が、国際的な意味をもつ時代となる公算が高いとすれば、欧米の中国観とは又違った、中国の伝統文化や故事来歴の深い理解の上にたった中国観が、日本に求められる時代が来ることは十分考えられる。

こうした観点から見れば、次のような歴史的事例の意味もあらためて吟味せねばなるまい。すなわち、『源氏物語』において、源氏が、父と同じ女性を求めて子までなしたことに苦悩したとき、先例の有無を調べ、「支那にはそうした事実が公然と認められている天子も、隠れた事実として伝記に書かれてある」と自らにつぶやき、己の行為を異常なものとみなさないよう自問自答するのである。また、『太平記』においても、新田義貞の見た夢の解釈の是非を判断するのに、諸葛孔明の最後にまつわる逸話が例にとられているのである。

このように、中国の故事来歴をひいて、日本の出来事の意味を考えるというやり方が、かつてほどではないにしても、しばしば行われるようになれば、中国文化は、近代における西洋文化が日本において「権威」と見なされていたのと（程度の差はあれ）やや同じような役割を担うことになろう。その場合、中国と日本との文化交流は、「脱亜入欧」を逆転した意味をもつものとなる可能性すらあり得よう。言い換えれば、新しい中国観は、日本の対西洋観に修正をせまる要素をもつともいえるのである。

■模範としての中国

こうした、中国の大国化と文化的「積威」の回復とその発揮の先にあるものは、中国が、ある種の「模範」、モデルとなることである。

近代において、中国は、近代化の反面教師であったにしても、ほとんど明日の日本社会の在り方を探る上でのモデルとしての役割を演じてこなかった。しかし、今後は、明日の日本のありかたを探る上で、中国は、或るときは肯定的、或るときは否定的モデルとなる要素が増えてくるであろう。

言い換えれば、事物を判断する尺度の一つに、欧米のやりかたとの比較もさることながら、中国のやり方が例にとられるようになることである。

かつて、中国は、わが国において、物事を決めるときの模範となり、また、事物を判断するときの尺度であった。そのことを示唆している逸話こそ、『枕草子』の著名な部分、香炉峰云々のくだりであろう。ここで、雪景色を味わうのに、そのやり方について、白楽天の詩句が引用されていることは、中国の文物、作品が日本において物事を判断する尺度となっていたことを示唆している。

こうした傾向は、『源氏物語』、『太平記』、『徒然草』などにも見られるが、時代を下って、江戸文学になると、寧ろ中国を模範ないし尺度と見ることへの警戒が登場する。たとえば、『雨月物語』では、富貴の是非を巡って儒教批判や『史記』批判が行われている。しかし、翻って考えれば、こうした批判も実は、中国の古典を引き合いに出しているという点では、平安時代以来の「伝統」を継いでいるとも言えるのである。

こうした伝統の今日的意味を考えることは、現況では、多くの人々にとって一見滑稽に思えても、遠い未来を見据えたとき、実は、これからの新しい中国観を形成してゆく上で大切な視点と言える。なぜならば、多くの開発途上国において、中国は、全面的とは言えないまでも、一つの、社会的経済的未来像を提供しつつあるからである。いいかえれば、近代化のモデルとしての日本と、いわば対抗、競合、対比されるものとして中国が国際社会に登場して来つつあるともいえるのである。このことは、これまでとかく、日中関係を、近代化の進んだ日本と近代化に遅れた中国という観点から考えて来たやりかたは、修正を迫られることを意味する。いいかえれば、日本が近代化、西洋化によって達成したものと、中国が「現代化」によって達成しつつあるものとの類似性と相違が、大きな問題となり得ることが暗示されているのである。

■戦略的パートナーとしての中国

実力と「積威」をもつ国となった中国は、その地理的位置や歴史的理由から、日本の戦略的パートナーとなるべき国といえる。けれども、地理的・歴史的要因は、同時に日本と中国が敵対、あるいは対抗するライヴァルになりかねないことをも意味している。現に、日本と中国は、過去の歴史において、少なくとも五度、互いに戦争を行っている。古代における、いわゆる白村江の戦い、元朝の日本侵略、朝鮮半島における秀吉軍と明軍との対戦、日清戦争、そして、一九三〇年代に始まった日中戦争である。

他方、日本と中国が、同盟または安全保障上のパートナーとなったのは、古代及び遣隋使と遣唐使の時代（その間の一時期）、そして（解釈如何によっては）明治時代に結ばれた日清修好条規などに限られている。

たしかに、古代において日本と中国との間に戦略的パートナーシップが存在した時代があったが、それは、もっぱら朝鮮半島における勢力均衡の維持と関連していた。現代において、そうした日中間の戦略的パートナーシップは、日本の国際的なスケールでの軍事的関与が可能とならない限り考え難いが、経済面であれば、（それを戦略的というかどうかは別として）或る種のパートナーシップが、例えば蒙古や東南アジアなど中国の周辺地域で形成されることは可能であろう。また、中国の経済的、社会的発展の結果、中国が、人口問題、環境問題、社会福祉などの面で、日本と類似の社会的課題をかかえるようになりつつあることを見れば、共通課題に対処するパートナーシップを強化することは大きな意味があろう。

なお、近代において、欧米のアジア侵略への対抗、あるいは、黄禍論への対処といった面で、日中両国がパートナーシップを組めなかった理由を、もっぱら、中国の近代化の遅れや日本の植民地支配のせいに帰するのは単純過ぎる見方であろう。

歴史をひもとけば、そもそも、西洋文明の吸収のしかた、それへの対処のしかたの根本において、日本と中国には違いがあったことが、明らかになるからである。

日本が自身を西洋化することによって、西洋の進出に対処しようとしたのに対して、中国は、西洋を中国化する方向で対処しようとしたともいえるのである。日本が一〇〇年かけて自らを西洋化したのに対して、中国は、二〇〇年、三〇〇年かけて西洋を中国化しようとする考えであったとみなしてもあながち間違いではない。

したがって、日本が真の意味で、中国と戦略的パートナーを組もうとするのであれば、西洋文明の将来と中国文明の将来についての考え方を日中間で相当程度すりあわせる必要がでてくるであろう。その意味で、日本の「新しい中国観」は、日本の新しい欧米観とも連動する要素をもつといえる。

■価値観の共有の可能な相手か

そこまで考えることは、裏をかえせば、日本と中国がどこまで、基本的価値観を共有できるのか否かを考えることに他ならない。

今日、中国と日本は、民主主義や人権思想などの政治的価値観、あるいは、自由経済原理ないし市場原理と言った経済的価値観を広く共有しているとは言い難い。

しかし、歴史的に見ると、日本と中国が、ある種の政治的価値観を共有し、またそれが日中関係上深い意味をもっていた時代が存在する。例えば、魏の国から卑弥呼に送られた贈り物の内容や、魏への日本の使節に「随行」した持衰（二二一頁参照）の様態などを考えると、日本と中国とは、道教あるいは鬼道の思想を共有し、それが、戦略的同盟関係を思想的に支えていたと考えられるのである。

また、仏教思想にせよ、儒教思想にせよ、日本と中国との間で政治的価値観の共有があったからこそ、聖徳太子も中国の天子に対して、「日、出ずる処の天子、書を日没するところの天子に致す」といった、胸をはるような趣旨の国書を送ることができたのである。

そして両国の政治的価値観の共有は、江戸時代の歌舞伎「国姓爺合戦」においてもみられる。そこでは、老荘思想を以て、日中共通の思想とみなし、そうした価値観の共有が、明の遺臣をして、日本に明朝復興のための軍事援助を請わしめる源となっている。

こうした歴史を考えれば、通常西洋文明的価値観といわれているものを、日中両国が基本的に共有することも、不可能ではないはずである。

「中国における共産主義や、一党独裁的体制の故に、中国と日本は政治的価値観を異にしており、そのため異なる文明の融和のありかたや、何が真に全人類的価値観なのかについて、日中間で共通の考え方を育てることは難しい」――そう言い切ることはできないであろう。なぜなら、普遍的価値を追求すれば、各文明に固有の価値自体を普遍化してゆくことを助長できるからである。とりわけ、中国文明は、歴史的に、国際性をもちつづけてきたことに着目せねばならない。国際社会といえば、欧米社会をまず念頭におくことに慣れてきた日本が、そうしたアプローチを転換する触媒として中国を「活用」することこそ、「新しい中国観」の一側面であろう。

■あこがれの国、中国

けれども、そうした価値観の共有が可能になりそれが促進されるためには、日中両国の国民が、お互いの国に対して、ある種の憧憬あるいは、魅力を強く感じるようにならなければならないであろう。長い間（特定の日本人にとってはごく最近まで）中国は、魅力ある「夢の国」であった。それは、「中国」が、多くの日本人にとって、現実の場所というより、想像上の空間だったからである。

例えば、『源氏物語』では、よく登場人物の心理を切実に訴える方途として、中国の人物、例えば楊貴妃、王昭君、漢代の李夫人のことなどが引用されているが、このことは、中国が現実の場所というよりも、ある種の「想像上の空間」として登場していることを暗示している。

こうした「想像上の空間」としての中国は、能楽における中国のとりあつかいにもみられる。能においては、劇的な人物、すなわち英雄豪傑、美女などのほか、劇的な事件をも中国に例を求めている。

たとえば、秦の咸陽宮の大火のことなどが、本来中国とは関係ない物語の「紅葉狩」や「安達ケ原」などにおいても言及されているのである。

能ではまた、中国は世俗を超越した楽土あるいはそうした場所をもつ国として描かれることも一、二の作品にとどまらない。「邯鄲《かんたん》」や「猩々《しょうじょう》」などもその例といえる。また、この点については、足利義満の例が興味深い。義満は、公家文化を身につけることに意を用いたが、その義満が、明朝に対して、「臣」となのり、明の服を着用して式典に臨んだりしたことは、明の権威が、日本的な世俗を越えた空間における権威であるとの意識が宿っていたせいとも考えられるのである。そして、そこには同時に、新奇性と、非日常性の要素があったのであり、その意味で、中国は、義満にとって、想像空間としての一面をもっていたのだった。

こうした「夢の要素」は、もはや現在の中国にはない——そう現代の日本人の多くは思うかもしれない。しかし、政治的統一に苦しみ、経済的貧困にあえぎ、社会的問題の山積している多くの途上国を初めとする国々にとって、中国世界は、「夢の要素」をもち得る世界である。そこには、新奇性もあれば、華麗さもある。

そうした「夢」が、大国中国のソフトパワーと相俟って世界的に広がるとき、そして、欧米社会が、経済や文化活動のグローバリゼーションへの反動もあって、ある種の国家的利己主義に走るとき、中国社会全体ではないにしても、その一部分が、多くの人々にとって夢と魅力に満ちたものと映るとしても不思議ではない。

自らの夢を、ニューヨークやパリに懸けた人々の末裔が、中国大陸に夢を描くとしてもそれほど不自然ではない時代がくることを考えておかねばなるまい。

しかも、そうした「夢」は、なにも、通常の意味での憧れや魅力の領域あるいは意味に限られない。かつて、中国大陸に社会革命の夢を懸けた日本人は、宮崎滔天のみならず、相当数にのぼる。これらの人々の思想自体を全面的に是認できないにしても、彼らの言動を全て、軍国主義日本の対外侵略の思想にのみ結び付けて片付けることは、新しい中国観との関連で適当とは思われない。「大」中国が、かつてとは違った次元で日本人の夢を実現する場所になることは有り得ることであり、中国大陸に一生をかけた阿倍仲麻呂の生涯もそうした角度からながめることもできるのではあるまいか。

いいかえれば、中国は、国際社会の主な舞台となり、そこで、日本人が活躍することが、日本と国際社会をつなぐ強い絆となる時代が来る可能性を念頭におかなければなるまい。

■中国観と世界観

このことは、裏をかえせば、近代において欧米社会という窓あるいは眼鏡を通じて形成されてきた、日本の世界観あるいは国際社会についての見方が、古代や中世の時代のように、中国という窓、眼鏡、あるいは鏡を通じて形成される時代がくるかもしれないことを暗示している。

日本の国際社会との係わりを、日本の国際化あるいは世界化と呼ぶとすれば、中国が、日本の世界化の主な触媒となる時代の再来を想定せねばなるまい。しかも、中国文明の長い歴史を考えると、そのとき、世界は、ある意味で、かなり「中国化」しているとも考えられるのである。

日本のあらたな国際化あるいは「世界化」の過程と世界の「中国化」の過程がどのように繋がるかは、歴史の大きな実験ともいえるのではなかろうか。

注

第I部　古代から江戸時代までの中国観

1　卑弥呼と中国

（1）卑弥呼が二四七年、帯方郡に使節を派遣した際の出来事。『魏志倭人伝』による。なお、こうしたいくつかのエピソードについての、現代語訳は、山田宗睦『魏志倭人伝の世界――邪馬台国と卑弥呼』教育社歴史新書、日本史22、一九七九年による。
（2）同右。
（3）石原道博編訳『新訂　魏志倭人伝・後漢書倭伝・宋書倭国伝・隋書倭国伝――中国正史日本伝（1）』岩波文庫、一九八五年、及び注（1）の現代語訳などから著者がとりまとめたもの。
（4）石原、同右、八一頁。
（5）持衰の意義の詳細については、武光誠・山岸良二編『邪馬台国を知る事典』東京堂出版、一九九九年、六九頁及び一二九頁以下、並びに、古田武彦『「海賦」と壁画古墳』『邪馬壹国の論理――古代に真実を求めて』古田武彦・古代史コレクション4、朝日新聞社、一九七五年所収、及び小倉和夫「日本のアジア外交の軌跡　一」（雑誌『東亜』二〇〇八年四月号、九八頁）。

2　倭の五王と中国

（1）礪波護・武田幸男「隋唐帝国と古代朝鮮」樺山紘一・礪波護・武田幸男編『世界の歴史　6』中央公論社、一九九七年、三二六頁。
（2）前掲石原編訳『新訂　魏志倭人伝・後漢書倭伝・宋書倭国伝・隋書倭国伝』岩波文庫、一九八五年をもとに簡略化して著者作成。
（3）上田正昭『倭国の世界』講談社現代新書・新書日本史1、一九七六年、二〇〇―二〇一頁。
（4）本文とその分析については、鈴木英夫『古代の倭国と朝鮮諸国』青木書店、一九九六年、九一頁以下。
（5）尾形勇・岸本美緒編『中国史』新版世界各国史3山川出版社、一九九八年、一一一頁。

3 『古事記』と『日本書紀』のなかの中国

(1) 中村啓信訳注『古事記 現代語訳付き 新版』角川ソフィア文庫、二〇〇九年、二五四頁。以下、『古事記』。
(2) 山田宗睦訳『日本書紀』教育社新書・原本現代訳、一九九二年、(上) 二二四頁。以下、『日本書紀』。
(3) 『日本書紀』(上) 二五二頁及び (中) 八八頁。
(4) 同右、(中) 二八〇頁。
(5) 同右、(上) 一八七―八八頁、同右、(中) 二一六頁、及び同右、(上) 二七二頁。
(6) 『古事記』四二九頁、『日本書紀』(中) 九八頁。
(7) 『日本書紀』(中) 一〇四頁。
(8) 例えば、同右 (下) 二一、九三、一〇五頁など。
(9) 同右、九二頁。
(10) 同右、一一六頁。
(11) 同右、一三二、一四三、一四六頁など。
(12) 同右、二六六頁。
(13) 『古事記』二五四頁。

4 聖徳太子と中国

(1) この点についての詳細な背景は、小倉和夫「聖徳太子の東アジア外交」雑誌『東亜』二〇〇八年五月号。
(2) 前掲石原編訳『新訂 魏志倭人伝・後漢書倭伝・宋書倭国伝・隋書倭国伝』岩波書店、坂本太郎・家永三郎・井上光貞・大野晋校注『日本書紀』(上)(下)(『日本古典文学大系 第67 第68』岩波書店、一九六五年、一九六七年) などより、とりまとめたもの。
(3) 関晃・井上光貞・児玉幸多編『史料による日本の歩み』第1 古代編、吉川弘文館、一九六〇年及び坂本太郎『聖徳太子』人物叢書178、吉川弘文館、一九七九年による。
(4) 坂本、前掲書、一二一頁。
(5) 川岸弘教「太子の仏教興隆政策」武光誠・前之園亮一編『聖徳太子のすべて』新人物往来社、一九八八年所収。
(6) 武光誠「太子の政治と儒教」武光・前之園編前掲書所収。

5 遣唐使節にとっての中国

(1) 回数及び遣唐使名などについての概観は、例えば小倉和夫「遣唐使をめぐる外交戦略」雑誌『東亜』二〇〇八年六月号所収、参照。
(2) 和田清・石原道博編訳『旧唐書倭国日本伝・宋史日本伝・元史日本伝』、岩波文庫、一九五六年。
(3) 同右。

（4）例えば、小林恵子『白村江の戦いと壬申の乱――唐初期の朝鮮三国と日本』現代思潮社、一九八七年にはそうした見解が示されている。
（5）本件をめぐる、日中双方の政治的背景ないし事情については、小倉和夫「遣唐使の変貌と新羅・渤海との通交」雑誌『東亜』二〇〇八年九月号所収。

6　阿倍仲麻呂と中国

（1）『旧唐書』巻一九九上、列伝一四九。
（2）宮田俊彦『吉備真備』人物叢書、吉川弘文館、一九六一年。
（3）『続日本紀』巻三。
（4）谷口耕生「吉備大臣入唐絵巻――後白河院政期の遣唐使神話」特別展図録『平成遷都一三〇〇年記念大遣唐使展』奈良国立博物館、二〇一〇年。
（5）杉本直次郎『阿倍仲麻呂伝研究――朝衡伝子考』育芳社、一九四〇年。
（6）『続日本紀』巻三五。

7　『枕草子』の中国

（1）田中澄江訳『枕草子』、谷崎潤一郎他編『国民の文学　第7　王朝日記随筆集』所収、河出書房新社、一九六四年、三九五頁。
（2）同右、三一一頁。
（3）同右、二六六頁。
（4）同右、二三六頁。
（5）同右、三〇六頁。
（6）同右、四〇五頁。
（7）同右、二七四頁。

8　『源氏物語』の中の中国

（1）与謝野晶子訳『源氏物語（上）』（『国民の文学　第3』）河出書房新社、一九六三年、三頁、以下本書上巻については「上」を省略。
（2）同右、一一頁。
（3）同右、二三一頁。
（4）同右、下巻、三二二頁。
（5）同右、一四二頁、二二八頁、下巻、七二頁。
（6）同右、二二二頁。
（7）同右、二四頁。
（8）同右、一二頁。
（9）同右、二四四頁。
（10）同右、二三二頁、二四〇頁。
（11）同右、三二七頁。

(12)同右、一九三頁。
(13)同右、三三八頁。
(14)例えば、同右、一四六頁、一七三頁、下巻、一六二頁、五二三頁など。
(15)同右、二〇五頁。
(16)同右、三二頁。
(17)同右、五〇四頁。
(18)同右、下巻、一〇頁。
(19)同右、三四七頁。

9 円仁の見た中国

(1)円仁著、足立喜六訳注、塩入良道補注『入唐求法巡礼行記』第1、第2、平凡社、東洋文庫157、一九七〇年、一九八五年。以下、『巡礼記』。
(2)E・O・ライシャワー著、田村完誓訳『円仁唐代中国への旅——『入唐求法巡礼行記』の研究』講談社学術文庫、一九九九年。以下『旅』。
(3)『巡礼記』第1、一七一頁以下。
(4)『旅』二一六頁。
(5)例えば、『巡礼記』第1、一九一頁、一九八頁。
(6)『巡礼記』第2、九頁、六七頁、七一頁。
(7)『巡礼記』第1、一九九頁。
(8)『巡礼記』第2、二六三頁。
(9)『巡礼記』第1、二八五頁、『旅』二三八頁。
(10)『巡礼記』第1、二八一頁、第2、一七頁。
(11)『巡礼記』第2、六三—六四頁。
(12)例えば、『巡礼記』第1、二八六頁、第2、一〇五頁。
(13)『巡礼記』第2、一〇〇頁。
(14)『巡礼記』第1、二二四頁。
(15)同右、六二頁。
(16)同右、二八五頁。
(17)ライシャワーは、そのような解釈を下している(『旅』二七四頁)。
(18)『巡礼記』第2、六六—六七頁。
(19)『巡礼記』第1、一二七頁。
(20)同右、六三頁、第2、一八三頁、二一八頁、二四一頁など。
(21)例えば、『巡礼記』第1、二七〇頁、二八三頁、第2、六八頁。
(22)例えば、『巡礼記』第2、二〇八頁、二一五頁、二四二頁、二九八頁など。
(23)『巡礼記』第1、七七頁、六八頁。
(24)同右、二〇一頁。
(25)同右、七四頁。

(26) 同右、六六頁。
(27) 同右、一二四頁。

10 平清盛の中国観

(1) 藤家礼之助『日中交流二千年』東海大学出版会、一九七七年。
(2) 五味文彦『平清盛』人物叢書 新装版、吉川弘文館、一九九九年、二二〇頁。
(3) 五味、前掲書二二一頁。

11 道元の見た中国

(1) 道元述、懐奘編、水野弥穂子訳『正法眼蔵随聞記』筑摩書房、一九六三年。以下『随聞記』。
(2) 同右、三一頁、一〇四頁、二一三頁、二二〇頁。
(3) 例えば、同右、三九頁、四三頁。
(4) 同右、六二頁。
(5) 同右、一一六―一一七頁。
(6) 同右、一九二頁。
(7) 同右、二一六頁。
(8) 同右、一七一頁。
(9) 同右、一一頁。
(10) 同右、五―六頁。
(11) 同右、一五頁。

12 北条時宗と中国

(1) この間の経緯及び書簡については、小倉和夫「日本のアジア外交の系譜 六」雑誌『東亜』二〇〇八年九月号所収及び同論文の注(15)。
(2) 書簡の日本語訳は、山口修『蒙古襲来』桃源社、一九七九年、九七―八頁による。
(3) 村井章介『北条時宗と蒙古襲来――時代・世界・個人を読む』NHKブックス、二〇〇一年、六六頁。
(4) 右の経緯については、例えば、同右、九七頁。
(5) 相田二郎『蒙古襲来の研究』吉川弘文館、一九五八年他各種研究書をもとに著者がとりまとめ。
(6) 村井、前掲書一一四―一一六頁。
(7) 同右、一七七頁。
(8) 同右、一八一頁。

13 『方丈記』と『徒然草』に見る中国

(1) 佐藤春夫訳『徒然草』『国民の文学 第7 王朝日記随筆集』所収、河出書房新社、一九六四年、四四八頁。以下、『徒然草』。
(2) 同右、四九四頁。

(3)同右、四四二頁。
(4)同右、四九九頁。
(5)同右、五〇二頁。
(6)同右、四七四頁。
(7)重盛が病にかかった折、丁度来日していた宋の名医を清盛が派遣しようとすると、「日本の大臣の身をもって異朝流浪の来客にまみえることは、国の恥であり、政道の衰えを示すものである」と重盛が言って、あくまで拒み通したという逸話(前掲『平家物語』二六七頁)。
(8)『徒然草』四七四頁。
(9)佐藤春夫訳『方丈記』、前掲『国民の文学 第7』所収、四六三頁。

14 『太平記』の中国

(1)尾崎士郎訳『太平記』『国民の文学 第11』河出書房新社、一九六四年、一四七頁。以下、『太平記』。
(2)同右、六頁。
(3)同右、六頁。
(4)同右、七四頁。
(5)同右、二五九頁。
(6)同右、一九六頁。
(7)同右、四九頁。
(8)同右、一三八頁、類似の例で、玄宗皇帝の都落ちと後醍醐天皇のそれとの比較が、二三三頁にある。
(9)同右、四三七―四四五頁。

15 足利義満にとっての中国

(1)臼井信義『足利義満』新装版、吉川弘文館、一九八九年、一八九頁。
(2)同右、二一二頁。
(3)同右、一八七頁、なお、この額は、華麗な北山第の建設費の五分の一にも相当したという。

16 能のなかの中国

(1)中村八郎『能・中国物の舞台と歴史』能楽書林、一九八八年は、中国の地を舞台とした能として二二曲をあげているが、ここには、「大般若」のような復曲も含まれている。
(2)もっとも、能「呉服《くれは》」は、中国から来日した、二人の織女が登場しており、中国人との交流が書かれているともいえるが、日中関係と関連する要素が特にあるとは思われないので、ここでは取り上げない。

17　能『白楽天』及び『唐船』と日中関係

（1）『白楽天』佐成謙太郎『謡曲大観』第四巻、一九三〇―三一年、明治書院、所収。以下、『大観』。
（2）観世流謡本『白楽天』檜書店、二〇一七年。
（3）観世流謡本『唐船』檜書店、一九九三年による。
（4）原本の表現は、「数の宝に代へ連れて」（同右）。
（5）同右、謡本。

18　秀吉にとっての中国

（1）松田毅一『豊臣秀吉と南蛮人』新装版、松田毅一著作集、朝文社、二〇〇一年。
（2）赤嶺守『琉球王国――東アジアのコーナーストーン』講談社選書メチエ297　二〇〇四年。
（3）鈴木良一『豊臣秀吉』岩波新書、一九五四年。
（4）桑田忠親編『豊臣秀吉のすべて』新人物往来社、一九八一年、一四〇頁。
（5）同右、一三六頁。
（6）同右、一九四頁。
（7）この点については、鈴木良一前掲書九一頁及び一二八頁以下。
（8）同右、一三二頁以下。
（9）このことについての本居宣長の批判については、桑田前掲書二六頁。
（10）例えばいわゆる組屋文書――小倉和夫「秀吉の東アジア外交（下）」『東亜』二〇〇九年十月号所収の注一二参照。

19　徳川三代（家康、秀忠、家光）にとっての中国

（1）大庭脩『江戸時代の日中秘話』東方選書5、一九八〇年、三〇頁。
（2）紙屋敦之『大君外交と東アジア』吉川弘文館、一九九七年、九頁。
（3）ロナルド・トビ著、速水融他訳『近世日本の国家形成と外交』、創文社、一九九〇年、一〇二頁以下。
（4）大庭、前掲書一二二頁以下。

20　江戸文学のなかの中国

（1）円地文子訳『雨月物語』『国民の文学第17　江戸名作集』、河出書房新社、一九六四年、一六頁。以下、『雨月』。
（2）同右、四七頁。
（3）近松門左衛門著、北条秀司訳『傾城反魂香』『国民の文学第14　近松名作集』河出書房新社、一九六四年、八一頁。以下、『傾城』。

(4)『傾城』一〇八頁。
(5)『雨月』六頁。
(6)同右、六一頁。
(7)同右、六六―六七頁。
(8)丹羽文雄訳『好色一代女』『国民の文学第18　西鶴名作集』、河出書房新社、一九六三年、二二六頁。以下、『西鶴』。
(9)例えば同右、四頁、二〇三頁。

21　『国姓爺合戦』に見る中国と中国人

(1)主として、渡辺保『歌舞伎手帖』駸々堂出版、一九八二年、による。
(2)飯沢匡訳『国姓爺合戦』『国民の文学第14　近松名作集』河出書房新社、一九六四年、一八三頁。以下、『合戦』。
(3)同右、二〇二―三頁。
(4)同右、二〇五頁及び二〇六頁。
(5)同右、二一一頁。
(6)同右、二二七頁。
(7)同右、一八四頁。
(8)同右、二二〇頁。
(9)同右、一八六頁。国姓爺自身も、いささか劇的な行動を取る際に、玄宗と楊貴妃の例を持ち出したりしている(同右、二二四頁)。
(10)同右、一九七頁。
(11)前掲『西鶴』一一六頁。
(12)『合戦』二〇五頁。なお、和藤内の母親の言葉としても「小国なれど日本の国は」という表現に出てくる(『合戦』二一〇頁)。
(13)同右、二三二頁。
(14)同右、二三九頁。
(15)同右、二〇七、二一七頁。
(16)同右、二三七頁。
(17)同右、二二三―二四頁。

第II部　近代日本における政治家、外交官、実業家たちの中国観

1　勝海舟の中国論

(1)勝海舟『氷川清話』、勝海舟全集刊行会『勝海舟全集』21、講談社、一九七三年、二四九頁。以下、『全集』。
(2)同右、同頁。
(3)同右、二五三頁。

(4) 同右、二五〇頁。
(5) 中江兆民著、鶴ケ谷真一訳『三酔人経綸問答』光文社古典新訳文庫、二〇一四年、三〇四頁。
(6) 同右、三〇五頁。
(7) 『全集』二五八頁。
(8) 同右、同頁。
(9) 同右、三三八頁。

2 福沢諭吉と中国

(1) 福沢諭吉著、齋藤孝訳『文明論之概略　現代語訳』ちくま文庫、二〇一三年、五一頁。
(2) 同右、三〇七頁。
(3) 同右、三〇九頁。
(4) 「一八九四年七月二十四日付時事新報社説」福沢諭吉著、杉田聡編『福沢諭吉　朝鮮・中国・台湾論集――「国権拡張」「脱亜」の果て』明石書店、二〇一〇年、一八六頁。以下、「時事新報」。
(5) 「時事新報」一八七頁。

3 岡倉天心の中国

(1) 岡倉天心『岡倉天心全集』(以下『全集』) 5、平凡社、一九七九年、一四六頁。
(2) 『全集』3、一九七九年、一〇七頁。
(3) 同右、二〇〇頁。
(4) 同右、九七―一〇一頁。
(5) 『全集』1、一九八〇年、二四―五頁。
(6) 同右、三四頁。
(7) 同右、二五二頁。
(8) 同右、二五四頁。
(9) 「全集」5、一五〇頁。
(10) 同右、同頁。
(11) 『全集』1、二四七頁。

4 内村鑑三の中国観

(1) 一八九四年十月三日付『国民之友』に掲載された論説。『内村鑑三全集』(以下『全集』)第二巻、初期の著作(下)、岩波書店、一九三二―三年、二三三頁。
(2) 同右、二三一頁。
(3) 同右、二三五頁。
(4) 「日清戦争の義」(Justification of the Corean War の翻訳) 同右、二二三頁。
(5) 『万朝報』二月十七日号掲載、『全集』第一四巻、時事、一二五頁。

(6)「日露戦争より余が受けし利益」『新希望』一九〇五年十一月十日、『全集』第一四巻、三八九頁。

5 徳富蘇峰にとっての中国と中国人

(1)「徳富猪一郎 宣誓供述書」小堀桂一郎編『東京裁判日本の弁明――「却下未提出弁護側資料」抜粋』講談社学術文庫、一九九五年、二八四―八五頁。
(2)同右及び頑蘇老人(徳富猪一郎)『敗戦学校――国史の鍵』宝雲社、一九四八年、五〇頁。
(3)『支那漫遊記』民友社、一九一八年、小島晋治監修『大正中国見聞録集成』ゆまに書房、一九九九年、第六巻収録、一三七頁。以下、『漫遊記』。
(4)同右、一七九頁。
(5)例えば、同右、一七頁、二五頁、三九頁など。
(6)同右、三九二頁。
(7)同右、五三五頁。
(8)同右、四九一―九二頁。
(9)『七十八日遊記』、文弱云々の部分は、徳富蘇峰『七十八日遊記』(抄)、張競・村田雄二郎編『日中の120年 文芸・評論作品選』(以下、『評論選』)(1)岩波書店、二〇一六年、七九頁。
(10)『漫遊記』五二五頁。
(11)同右、四一二頁。
(12)同右、五二〇頁。
(13)『評論選』(1)七八頁。
(14)徳富蘇峰「北京一覧」『世界紀行文学全集』11・中国一、修道社、一九七一年、七一頁。
(15)『漫遊記』三〇六頁。
(16)同右、八一頁。

6 幸徳秋水と中国革命

(1)幸徳秋水全集編集委員会編『幸徳秋水全集』(以下『全集』)第一巻、日本図書センター、一九九四年、二七六頁など参照。
(2)『全集』第二巻、三七四―七五頁。
(3)『全集』第六巻、三八三頁。
(4)石母田正「幸徳秋水と中国」『現代日本思想大系第9「アジア主義」』筑摩書房、一九六三年、三八六頁。
(5)幸徳秋水『帝国主義』伊藤整責任編集『幸徳秋水』日本の名著44、中公バックス、一九八四年、八七頁。
(6)同右、一〇一頁。
(7)同右、三四八―四九頁。

7　後藤新平と中国

(1) 鶴見祐輔『〈決定版〉正伝　後藤新平』（以下『後藤新平』）3台湾時代、藤原書店、二〇〇五年、五八四頁。
(2) この点については、拓殖務省設置についての後藤の意見書のなかなどに述べられている。同右、七二六頁以下。また、それについての解釈に関しては、竹内好・橋川文三編『近代中国と日本』（上）朝日選書13、一九七四年所収、一六五頁。以下、『竹内』。
(3) 前掲、『後藤新平』3、五二〇頁。現代語への変換も右による（以下現代語訳は右に準ずる）。
(4)『後藤新平』4、二〇〇五年、五七八頁。
(5) 後藤新平歿八十周年記念事業実行委員会編『世界認識　シリーズ「後藤新平とは何か――自治・公共・共生・平和」』藤原書店、二〇一〇年、二五四頁。以下、『世界認識』。
(6) 同右、七六―七七頁。
(7) 同右、九一頁。
(8)『後藤新平』4、四三五頁。
(9) 同右、四一一―一二頁及び四四八頁。
(10)『後藤新平』3、二〇〇頁。
(11) 同右、一一四頁及び五四一頁。
(12)『後藤新平』3、六二二頁以下及び、4、五九頁。
(13)『後藤新平』4、一一六頁。
(14) 同右、四三二頁及び二三二頁。

8　宮崎滔天の内なる中国

(1) 宮崎滔天「東京より」宮崎竜介・小野川秀美編『宮崎滔天全集』（以下『全集』）第二巻、平凡社、一九七一年所収、二五、二七頁など。
(2)『全集』第二巻、二四頁。
(3) 宮崎滔天著、島田虔次・近藤秀樹校注『三十三年の夢』岩波文庫、一九九三年、三七頁。以下、『三十三年』
(4)『全集』第二巻、二〇〇頁。
(5) 同右、二二〇頁。
(6) 同右、一二三頁。
(7) 上村希美雄『宮崎兄弟伝　アジア篇』上、葦書房、一九八七年、一三四頁。
(8)『三十三年』五四―五頁。
(9) 宮崎滔天『支那革命物語』『全集』第一巻、一九七一年、二九六頁。
(10)「支那立憲問題」『革命評論』一九〇四年九月二十日号掲載、『全集』第二巻、五九七頁。

(11)岡本幸治編著『近代日本のアジア観』Minerva日本史ライブラリー、一九九八年、一四三頁。
(12)『三十三年』七八頁。
(13)「支那革命と列国」『革命評論』一九〇六年十月五日号所載、『全集』第二巻、六〇八頁。
(14)『評論集』一〇九頁。

9 実業家たちにとっての中国

(1)宇田正「大倉喜八郎と山本条太郎」『竹内』(上)、七八頁。
(2)同右、七九頁、八五頁など。
(3)『評論選』(1)一三〇頁。
(4)大倉喜八郎述、東京経済大学史料委員会編『大倉喜八郎かく語りき――進一層、責任と信用の大切さを』東京経済大学、二〇一四年、二二六頁。以下、『大倉』。
(5)『評論選』(1)一三一頁。
(6)『竹内』(上)八二頁。
(7)『大倉』七〇―七一頁。
(8)同右、二二五頁。
(9)同右、二二八頁。
(10)同右、一二八頁。
(11)北村敬直編『夢の七十余年――西原亀三自伝』東洋文庫40、平凡社、一九六五年、七八頁。以下、『西原』。
(12)同右、八五頁。
(13)同右、一五七頁。
(14)同右、二〇九頁。
(15)同右、一〇一頁。
(16)同右、一二八頁。

10 大隈重信の中国観

(1)大隈重信の談話「勢力の中心を議会に移すべし」雑誌『新日本』第三巻第二号(一九一三年二月)掲載、早稲田大学編『大隈重信演説談話集』岩波文庫、二〇一六年、二四四頁。以下、『演説集』。
(2)大隈重信の演説「吾人の文明運動」一九一五年十月二十四日大日本文明協会主催の演説会で行われた演説、『演説集』三七四頁。
(3)大隈重信「現代の婦人に告ぐ」『大観』第十巻第四号(一九一八年八月)掲載、『演説集』九四―九五頁。
(4)大隈重信の談話「支那の前途」早稲田大学『早稲田講演』第十集(一九一二年一九十二月)掲載、『評論集』(1)一七五―七六頁。
(5)大隈重信「三たび東方の平和を論ず」『新日本』第四巻第四号(一九一四年四月)掲載、『演説集』三一三頁。
(6)大隈重信「東亜に於ける日本の勢力」一九〇四年十月二十三日の演説、『演説集』に「東亜の平和を論ず」として所収、同二八九頁。
(7)同右、二九三頁。
(8)同右、二九三―九四頁。
(9)大隈重信「三たび東方の平和を論ず」『新日本』第四巻第四号(一九一四年四月)掲載、『演説集』三二五頁。
(10)「我輩の日支親善論」『経済時報』第一六九号、一九一七年二月、『演説集』三二九頁。
(11)同右、三三四頁。
(12)一九一七年八月『新日本』第七巻第八号に掲載された、婦人問題についての大隈の論文の一節、『演説集』一一二頁。

11 大川周明と中国

(1)周明は、イギリス人は「政治的又は経済的のみならず、実に道徳的に印度人を虐げて居る」とし(大川周明「印度国民運動の由来」大川周明全集刊行会『大川周明全集』(以下、『全集』)第二巻、一九六二年、六〇二頁)、また、「英人は不断に印度人を動物と間違へて居る」(同右、六〇五頁)と述べている。
(2)大川周明「復興亜細亜の諸問題」『全集』第二巻、八頁。
(3)同右、二三頁。
(4)大川周明「新亜細亜小論」中の「指導能力と指導権」『全集』第二巻、九一八頁。
(5)大川周明「満蒙問題の考察」『全集』第二巻、六四九頁。
(6)同右、六五三頁。
(7)大川周明「大東亜秩序建設」『全集』第二巻、七七七及び七七八頁。
(8)前掲「新亜細亜小論」中の「亜細亜的言行」『全集』第二巻、九一七頁。
(9)大川周明「新東洋精神」『全集』第二巻、九九〇頁。

12 幣原喜重郎の中国観

(1)幣原喜重郎『外交五十年』原書房、一九七四年、一一一頁。以下、『五十年』。
(2)『幣原喜重郎』幣原平和財団、一九五五年、二五一頁。

（3）『五十年』一四七頁。
（4）同右、一〇〇頁。
（5）前掲、岡本幸治編著『近代日本のアジア観』一二三頁。
（6）『五十年』九三頁。
（7）同右、一六八頁。

13 石原莞爾にとっての中国

（1）石原莞爾「日本の国防」玉井礼一郎編『石原莞爾選集』5、教育革新論／国防政治論、たまいらぼ、一九八六年、一四一頁。以下、『選集』。
（2）石原莞爾「東亜連盟建設綱領」『選集』6、一九八六年、二二頁。なおこの点に関し、石原の思想的師であったと言われる宮崎正義の「東亜連盟論」との関係については、前掲、岡本幸治編著『近代日本のアジア観』二三八頁以下参照。
（3）この点について石原本人というよりも、むしろ彼を取り巻いていた人々の考え方をまとめたものとしては、『竹内』（下）二三〇及び二四七頁。
（4）前掲、「日本の国防」『選集』5、一四三頁。
（5）前掲、「東亜連盟建設綱領」『選集』6、五二頁。
（6）同右、二二頁。
（7）同右、三八頁。

14 松岡洋右と中国

（1）松岡洋右『満鉄を語る』二〇〇七年、慧文社、二二―二三頁及び同右、二五頁。以下、『満鉄』。
（2）松岡洋右『動く満蒙』先進社、一九三一年、九六―九七頁。以下、『動く』。
（3）同右、四〇頁、『満鉄』二二頁、なお中国の歴史における満州の位置づけについての松岡の歴史観の詳しい叙述は、『満鉄』一五八―一五九頁。
（4）『動く』七六―七七頁、及び、松岡洋右伝記刊行会編『松岡洋右――その人と生涯』講談社、一九七四年、以下『松岡』三四一頁。
（5）『松岡』三五七頁並びに松岡の大東亜共栄圏思想については、前掲、岡本幸治編著『近代日本のアジア観』二五三頁以下参照。
（6）松岡洋右『興亜の大業』教学叢書第9輯、教学局、一九四〇年、二四頁、二七頁。
（7）『松岡』四四六頁。
（8）『動く』一三頁。
（9）同右、二五一頁。
（10）同右、二九頁。

(11)『松岡』三六一頁。
(12)同右、三八五頁及び『動く』一二九頁。
(13)『動く』四四頁、一五一頁、及び一九一頁。
(14)『満鉄』二六頁。
(15)『動く』九二頁。
(16)『動く』二八頁、『松岡』五六五頁。
(17)『松岡』四五六頁、並びにこうした点は『動く』二八七頁、三一三頁における中国要人との会見の際の描写などから垣間見ることができる。
(18)『動く』三三四頁。
(19)同右、三一三頁。
(20)『松岡』一七四頁。
(21)『動く』一九三頁。
(22)同右、二八七頁。
(23)『松岡』五六五頁及び『動く』二一四頁。
(24)国会図書館法令議会資料室所蔵「一九四一年衆議院委員会議録　第六回」一、二七頁。

15　重光葵のなかの中国

(1)重光葵『外交回想録』人間の記録7、日本図書センター、一九九七年、一五五頁。以下、『回想録』。
(2)重光葵『昭和の動乱』(上)中公文庫、二〇〇一年、一六九頁。以下、『動乱』。
(3)同右、一七〇頁。
(4)『回想録』八〇頁。
(5)『動乱』一六九頁。
(6)同右、五〇頁。
(7)同右、五三頁。
(8)同右、三一頁。
(9)例えば、『回想録』七七頁、八四頁など。
(10)『動乱』一一七頁。

16　石橋湛山の中国観

(1)石橋湛山著、増田弘編『小日本主義——石橋湛山外交論集』(以下『論集』)草思社、一九八四年、六六頁。
(2)同右、五九頁。
(3)同右、六五頁。
(4)同右、五九頁。
(5)「人種差別撤廃要求を前に」『石橋湛山全集』第三巻大正八—九年、東洋経済新報社、一九七一年。
(6)『論集』一〇四頁。
(7)同右、一〇五頁。
(8)同右、一〇八頁。

（9）同右、六〇―六二頁。

17　吉田茂と中国

（1）吉田茂『日本を決定した百年』日本経済新聞社、一九六七年、二七頁。以下、『百年』。
（2）同右、二八頁。
（3）同右、五四頁。
（4）吉田茂『大磯随想』雪華社、一九六二年、四三頁以下。ここで、吉田は、「対中共の貿易を余りに誇大に考へるのは、をかしいと思ふ」とのべている。
（5）同右、二九頁。
（6）同右、八九頁。
（7）吉田茂『回想十年』（以下『回想』）（中）中公文庫、二〇一四年、二七七頁。
（8）『百年』一三九頁。
（9）『回想』（上）三一七頁。
（10）『百年』一七四―七五頁。
（11）『回想』（下）二一六頁。
（12）同右、二七九頁。

18　岸信介、大平正芳、椎名悦三郎の中国観

（1）『岸信介回顧録――保守合同と安保改定』広済堂出版、一九八三年、三六五頁。以下、『岸回顧録』。
（2）同右、四一八頁。
（3）同右、三六八頁。
（4）大平正芳回想録刊行会編著『大平正芳回想録』鹿島出版会、一九八三年、二三六頁。
（5）同右、二三六頁。
（6）同右、二三七―三八頁。
（7）同右、二三四頁。
（8）『記録　椎名悦三郎』椎名悦三郎追悼録刊行会、一九八二年、一八六―八七頁。
（9）同右、一三七―三八頁。
（10）『産経新聞』「進路を聞く」一九七七年三月三十日付。

第Ⅲ部　近代日本の画家、文人の描いた中国と中国人像

1　芥川龍之介の中国

（1）芥川龍之介「湖南の扇」『中央公論』中央公論社、一九二六年。
（2）芥川龍之介『支那游記』改造社、一九三九年。
（3）金子光晴『絶望の精神史』光文社、一九六五年。

（4）阿部知二『北京』第一書房、一九三八年。
（5）堀田善衛「祖国喪失」『堀田善衛全集　七』筑摩書房、一九九三年。

2　阿部知二『北京』に描かれた中国と日中関係

（1）横光利一「上海」『新潮日本文学14　横光利一集』新潮社、一九七三年。
（2）石川達三『武漢作戦』文藝春秋、一九七六年。
（3）火野葦平『赤い国の旅人』朝日新聞社、一九五五年。

3　佐藤春夫『風雲』から見た中国

（1）佐藤春夫『風雲』宝文館、一九七一年。
（2）国木田独歩『愛弟通信』佐久良書房、一九〇八年。

4　石川達三の小説に見る中国像

（1）上田広『黄塵』改造社、一九三八年。
（2）村上春樹『ねじまき鳥クロニクル』新潮社、一九九四―一九九五年。

5　田村泰次郎『肉体の悪魔』と中国

（1）尾崎士郎「悲風千里」『中央公論』中央公論社、一九三七年。
（2）田村泰次郎「肉体の悪魔」『筑摩現代文学大系62』筑摩書房、一九七八年。
（3）田村泰次郎「黄土の人」『筑摩現代文学大系62』筑摩書房、一九七八年。
（4）田村泰次郎「裸女のいる隊列」『筑摩現代文学大系　62』筑摩書房、一九七八年。

6　火野葦平『赤い国の旅人』に見る中国

（1）夏目漱石「満韓ところどころ」伊藤整・荒正人編『漱石文学全集』第十巻、集英社、一九八三年。
（2）林房雄「上海戦線」『戦争の横顔』春秋社、一九三七年。
（3）石川達三「生きている兵隊」『石川達三選集　第一二』八雲書店、一九四八年。
（4）村上春樹『中国行きのスロウ・ボート』中央公論社、一九八三年。

7　横光利一『上海』に見る中国と日本

（1）横光利一『旅愁』改造社、一九四〇年。
（2）森鷗外「黄禍」『森鷗外全集　七』筑摩書房、一九七一年。

8　近代日本人洋画家の「描いた」中国

（1）石井柏亭「滬上日誌」『世界紀行文学全集』（以下『紀行全集』）修道社、一九七一年11、中国1、二一六頁。
（2）同右、二一〇頁。
（3）貝塚健編集『描かれたチャイナドレス：Chinese-style dresses——藤島武二から梅原龍三郎まで』石橋財団ブリヂストン美術館、二〇一四年、七〇頁。
（4）同右、一一頁。
（5）藤島武二『芸術のエスプリ』中央公論美術出版、一九八二年、二四九頁。
（6）向井潤吉「北京の公園」『紀行全集』12、中国2、三八頁。
（7）同右。
（8）同右。
（9）同右。
（10）前掲、石井柏亭「滬上日誌」『紀行全集』11、中国1、二〇五頁。
（11）同右。
（12）岸田劉生『美術と支那の雑感』『日中の120年 文芸・評論作品選』（2）、岩波書店、二〇一六年、九頁。
（13）同右、一〇頁及び一一頁。
（14）藤田嗣治著、近藤史人編『腕一本——藤田嗣治エッセイ選　巴里の横顔』、講談社文芸文庫、二〇〇五年、一七一頁。
（15）『評論選』（2）一四頁。
（16）前掲、近藤史人編、一七二頁。
（17）『評論選』（2）一四頁。
（18）前掲、近藤史人編、一七二頁。
（19）同右、一一八頁。
（20）前掲『紀行全集』11、中国1、二〇九頁。
（21）『紀行全集』12、中国2、四〇頁。
（22）同右、同頁。

9　軍国主義のかくれた賛美？

（1）稲賀繁美『絵画の臨界——近代東アジア美術史の桎梏と命運』名古屋大学出版会、二〇一四年、五五〇頁。
（2）前掲、近藤史人編、一一九頁。
（3）同右、一二六—一二七頁。
（4）前掲、藤島武二、二一九頁。

あとがき

本書を書き終わって全編を見直すと、江戸時代の儒者新井白石の中国観や、近代ではプロレタリア文学者や共産主義者の中国観など、さらにつけ加えるべきとの気もしてくる。また、それとも関連して、日本人の朝鮮観や琉球観との関連なども想起される。

けれども、本書の上梓を快諾された藤原書店の藤原社長や編集部の貴重な意見もこれあり、本書は、やはり、現在の多くの日本人の嫌中国、厭中国感情を乗り越えるための触媒ともなりうる、「新しい中国観」の形成を目的として一石を投ずることを主な意図とすることに徹し、あえて、あまり記述を拡大することを避けたことを申し添えるとともに、貴重な意見を頂いた藤原社長はじめ藤原書店関係者にあらためて謝意を表したい。

また、本書が、中国の大国化を当然の前提としていることに、疑問を呈する人々もおられようが、中国が地方勢力に分裂したり、あるいは、共産党の支配が崩れて一時的にせよ政治的に大きな混乱に陥る場合にも（あるいはむしろ、そういう混乱の先を見通すためにこそ）、長期的観点からどのように中国を見るかという基本的姿勢を忘れてはならないという考えから、本書をとりまとめたものであることを付言したい。

なお、一部には、近代の状況や思想について通常使われる言語や表現を古代、中世の作品や故事に使用することの是非を問う声もありえようが、筆者としては、まさに、現代、近代、中世、古代を貫くものを探求せんとする観点から、そうした厳密さを敢えて避けたことを申しそえ、読者の寛容を願う次第である。

小倉和夫

日中関係史年表（238–1980）

西暦	元号	日本の事項	中国国号	中国の事項
二三八—二四三	弥生	邪馬台国女王**卑弥呼**、魏に遣使	六朝	
二六六	弥生		六朝	この頃『魏志倭人伝』成立［三世紀末］
四一三	古墳	**倭の五王**（讃・珍・済・興・武）の遣使始まる	六朝	
五〇二	古墳		梁	
五五七	古墳		陳	
五八九	古墳		隋	
五九三	古墳	厩戸皇子（**聖徳太子**）摂政に就任	隋	均田法定む［五九二］
六〇〇	飛鳥	遣隋使派遣開始	隋	
六三〇	飛鳥	遣唐使派遣開始	唐	唐［六一八—九〇七］
六四五	飛鳥	大化の改新	唐	均田法・租庸調法を定む［六二四］
六六三	飛鳥	白村江の戦い	唐	唐最大版図に［六六二］
七一二	奈良	『古事記』完成	唐	玄宗皇帝就任［七一二］
七一六	奈良	**阿倍仲麻呂**入唐　『日本書紀』完成［七二〇］	唐	開元の治始まる［七一三］
八三二	平安	**円仁**の入唐　最後の遣唐使帰朝［八三八］	唐	会昌の廃仏［八四五］
八九四	平安	遣唐使の廃止を決定	唐	

九三五	平安	承平天慶の乱始まる［―九四一］	五代十国	燕雲十六州を契丹に割譲［九三六］
			宋	宋［九六〇―一一二六］
一〇〇〇		**『枕草子』**完成［一〇〇一］		
一〇一八		**『源氏物語』**文献初出		
一一一五			金	金［一一一五―一二三四］
一一二七			南宋	南宋［一一二七―一二七九］
一一六七		**平清盛**、太政大臣就任		
一一九二	鎌倉	鎌倉幕府成立		
一二一九		源氏滅亡　**『方丈記』**［一二一二］		
一二二七		**道元**帰国		
一二七四		文永の役（元寇）	元	元［一二七一―一三六八］
				科挙実施［一三一三］
一三三三		鎌倉幕府滅亡　**『徒然草』**［一三三一頃］		
一三三八	室町	**足利義満**将軍となる	明	明建国［一三六八―一六四四・一六六二］
		この頃**『太平記』**成立		
一四三四		明と通商（勘合貿易）		
一四六七		応仁の乱		
				王守仁、陽明学を説く
				ポルトガル人、マカオに植民開始

西暦	元号	日本の事項	中国国号	中国の事項
一五四三	室町	ポルトガル人の種子島漂着（鉄砲伝来）	明	
一五八二	安土桃山	天正少年使節をローマに派遣		マテオ・リッチがマカオに到着
一五九〇		**豊臣秀吉**の天下統一		
一六〇三	江戸	**徳川家康**、江戸幕府成立		マテオ・リッチ北京に会堂を建設
一六三九		鎖国完成		
一六八二		**『好色一代男』**	清	後金（のち清）［一六一六―一九一二］
一六八六		**『好色一代女』**。清、長崎に商館を設置［一六八九］		三藩の乱［一六七三―一六八一］
一七〇八		**『傾城反魂香』**初演。外国船との密貿易を厳禁［一七一四］		清、台湾を領有［一六八三］
一七一五		**『国姓爺合戦』**初演。長崎貿易を制限		広東・厦門に行商制［一七〇二］
一七七六		**『雨月物語』**刊行		『四庫全書』編纂開始［一七七三］
一八二五		外国船打払令		
一八三九		蛮社の獄		アヘン戦争［一八四〇―四二］
一八四一		天保の改革［―一八四三］		南京条約［一八四二］
一八五三		ペリー、浦賀に来航		太平天国の乱［一八五一］
				アロー号戦争［一八五六―六〇］
一八五八		日米修好通商条約、安政の大獄		アイグン条約・天津条約［一八五八］
一八六〇		桜田門外の変		北京条約［一八六〇］
一八六七		大政奉還		

一八六八	明治	明治維新	清	捻軍平定［一八六八］
一八七四	明治	台湾出兵	清	天津条約（日）・越南新約（仏）
一八七五	明治	樺太千島交換条約、**『文明論之概略』**	清	
一八八四	明治	内閣制度始まる	清	清仏戦争［一八八四—八五］
	明治		清	天津条約（仏・日）［一八八五］
一八九四	明治	日清戦争［—一八九五］	清	日清戦争［—一八九五］
一九〇三	明治	**『三十三年之夢』**	清	義和団事件［一九〇〇—〇一］
一九〇四	明治	日露戦争［—一九〇五］、**『日本の目覚め』**	清	日露戦争［一九〇四—〇五］
一九一二	明治	明治天皇崩御	中華民国	**孫文、臨時大総統就任**［一九一二］
一九一三	大正	護憲運動	中華民国	袁世凱、正式大総統［一九一三］
一九一八	大正	米騒動、シベリア出兵［—一九二二］	中華民国	五・四運動［一九一九］
一九二一	大正	ワシントン会議、日英同盟廃棄	中華民国	中華革命党、中国国民党に改組［一九一九］
一九二二	大正	九ヵ国条約、日本共産党結党	中華民国	安直戦争［一九二〇］
一九二三	大正	関東大震災	中華民国	中国共産党成立［一九二一］
一九二五	大正	日ソ基本条約（ソ連を承認）、治安維持法、普選	中華民国	国民党一全大会［一九二四］
一九二六	大正	**芥川龍之介『湖南の扇』**	中華民国	孫文死去［一九二五］
一九二七	昭和	金融恐慌始まる、第一次山東出兵	中華民国	北伐開始［一九二六—二八］
	昭和		中華民国	張作霖爆死［一九二八］
一九三一	昭和	満州事変、**横光利一『上海』**	中華民国	広東国民政府成立［一九三一］

西暦	元号	日本の事項	中国国号	中国の事項
一九三二	昭和	満州国建国宣言、五・一五事件	中華民国	リットン調査団［一九三二］
一九三六		二・二六事件		西安事件［一九三六］
一九三七		日中戦争勃発、日独伊三国防共協定、南京陥落		日中戦争勃発、重慶遷都、第二次国共合作［一九三七］
一九三八		近衛声明、国家総動員法発令、**阿部知二『北京』**		
一九四〇		日独伊三国同盟、**『世界最終戦論』『武漢作戦』**		
一九四一		太平洋戦争始まる、**佐藤春夫『風雲』**		太平洋戦争始まる［一九四一］
一九四三		ガタルカナル撤退、大東亜共同宣言		
一九四五		**沖縄戦、原爆投下、敗戦**		国共の内戦始まる［一九四五］
一九四六		天皇人間宣言、日本国憲法公布、**『肉体の悪魔』**		
一九四七		教育基本法、独占禁止法実施		
			中華人民共和国	**中華人民共和国成立**［一九四九］
一九五〇		警察予備隊創設、朝鮮戦争		
一九五一		サンフランシスコ講和条約、日米安保条約		人民義勇軍朝鮮戦争参加［一九五〇］
一九五五		**火野葦平『赤い国の旅人』**		アジア・アフリカ会議［一九五五］
一九六四		東海道新幹線開通、東京オリンピック		文化大革命始まる［一九六六］
一九七二		札幌オリンピック、沖縄返還、日中国交正常化		日中国交正常化［一九七二］
一九七八		日中平和友好条約調印		日中平和友好条約調印［一九七八］
一九八〇		大平正芳首相死去		

（編集部作成）

ラ 行

主要人名索引

本文から主要な実在の人物を採り，姓・名の五十音順で配列した。

ア　行

カ　行

著者紹介

小倉和夫（おぐら・かずお）

1938年、東京都生まれ。東京大学法学部、英ケンブリッジ大学経済学部卒業。1962年、外務省入省。文化交流部長、経済局長、ベトナム大使、外務審議官（経済担当）、韓国大使、フランス大使などを歴任し、2002年11月に退任。2010年まで国際交流基金理事長、現在同顧問、青山学院大学特別招聘教授、日本財団パラリンピックサポートセンター理事長。

著書に『パリの周恩来――中国革命家の西欧体験』（1992年、中央公論新社、吉田茂賞受賞）『日米経済摩擦――表の事情ウラの事情』（改訂版1991年、朝日文庫）、『「西」の日本・「東」の日本――国際交渉のスタイルと日本の対応』（1995年、研究社出版）、『中国の威信　日本の矜持――東アジアの国際関係再構築に向けて』（2001年、中央公論新社）、『吉田茂の自問』（2003年）、『日本のアジア外交　二千年の系譜』（2013年、以上藤原書店）、『日本人の朝鮮観』（2016年、日本経済新聞出版社）など。

日本《にほん》の「世界化《せかいか》」と世界《せかい》の「中国化《ちゅうごくか》」

――日本人《にほんじん》の中国観《ちゅうごくかん》二千年《にせんねん》を鳥瞰《ちょうかん》する

2019年1月10日　初版第1刷発行©

著　者　小　倉　和　夫

発行者　藤　原　良　雄

発行所　株式会社　藤　原　書　店

〒162-0041　東京都新宿区早稲田鶴巻町523

電　話　03（5272）0301

FAX　03（5272）0450

振　替　00160‐4‐17013

info@fujiwara-shoten.co.jp

印刷・製本　中央精版印刷

落丁本・乱丁本はお取替えいたします

定価はカバーに表示してあります

Printed in Japan

ISBN978-4-86578-205-9

外務省〈極秘文書〉全文収録

吉田茂の自問

〈敗戦、そして報告書「日本外交の過誤」〉

小倉和夫

戦後間もなく、講和条約を前にした首相吉田茂の指示により作成された外務省極秘文書「日本外交の過誤」。十五年戦争における日本外交は間違っていたのかと問うその歴史資料を通して、戦後の「平和外交」を問う。

四六上製　三〇四頁　二四〇〇円
（二〇〇三年九月刊）◇978-4-89434-352-8

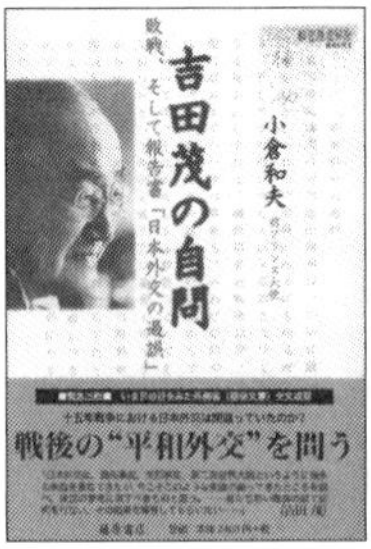

日本とアジアの"抗争の背景"を探る

日本のアジア外交 二千年の系譜

小倉和夫

卑弥呼から新羅出兵、元寇、秀吉の朝鮮侵攻、征韓論、脱亜論、日清戦争、日中戦争、満洲建設、そして戦後の国交回復へ——アジアにおいて抗争と協調を繰り返す日本の、二千年に亘るアジア外交の歴史を俯瞰する。

四六上製　二八八頁　二八〇〇円
（二〇一三年二月刊）◇978-4-89434-902-5

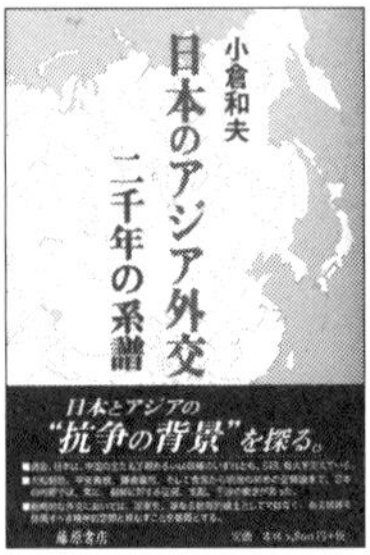

「在外」の視点による初の多面的研究

「在外」日本人研究者がみた日本外交

〈現在・過去・未来〉

原貴美恵編

冷戦後の世界秩序再編の中でなぜ日本外交は混迷を続けるのか？「外」からの日本像を知悉する気鋭の研究者が「安全保障」と「多国間協力」という外交課題に正面から向き合い、日本の歴史的・空間的位置の現実的認識に基づく、外交のあるべき方向性を問う。

Ａ５上製　三一二頁　四八〇〇円
（二〇〇九年七月刊）◇978-4-89434-697-0

戦後日本外交の現場からのスリリングな証言

対欧米外交の追憶 1962-1997 ㊤㊦

有馬龍夫　竹中治堅編

戦後日本の主要な対欧米外交の現場に携わった外務省きっての知性派外交官のオーラルヒストリー。ハーバード大学での研究の道から、外交の現場に転身した異能の外交官が、優れた記憶力と透徹した認識に基づき外交現場のスリリングなディテールを初めて語る。

四六上製　㊤三九二頁　㊦三八四頁　各四二〇〇円
（二〇一五年二月刊）
㊤◇978-4-86578-003-1
㊦◇978-4-86578-005-5